essentials

essentials liefern aktuelles Wissen in konzentrierter Form. Die Essenz dessen, worauf es als „State-of-the-Art" in der gegenwärtigen Fachdiskussion oder in der Praxis ankommt. *essentials* informieren schnell, unkompliziert und verständlich

- als Einführung in ein aktuelles Thema aus Ihrem Fachgebiet
- als Einstieg in ein für Sie noch unbekanntes Themenfeld
- als Einblick, um zum Thema mitreden zu können

Die Bücher in elektronischer und gedruckter Form bringen das Expertenwissen von Springer-Fachautoren kompakt zur Darstellung. Sie sind besonders für die Nutzung als eBook auf Tablet-PCs, eBook-Readern und Smartphones geeignet. *essentials:* Wissensbausteine aus den Wirtschafts-, Sozial- und Geisteswissenschaften, aus Technik und Naturwissenschaften sowie aus Medizin, Psychologie und Gesundheitsberufen. Von renommierten Autoren aller Springer-Verlagsmarken.

Weitere Bände in der Reihe http://www.springer.com/series/13088

Christian Montag

Homo Digitalis

Smartphones, soziale Netzwerke und das Gehirn

 Springer

Christian Montag
Institut für Psychologie und Pädagogik
Universität Ulm
Ulm, Deutschland

ISSN 2197-6708   ISSN 2197-6716   (electronic)
essentials
ISBN 978-3-658-20025-1   ISBN 978-3-658-20026-8   (eBook)
https://doi.org/10.1007/978-3-658-20026-8

Die Deutsche Nationalbibliothek verzeichnet diese Publikation in der Deutschen Nationalbibliografie; detaillierte bibliografische Daten sind im Internet über http://dnb.d-nb.de abrufbar.

Gedruckt auf säurefreiem und chlorfrei gebleichtem Papier

Springer ist Teil von Springer Nature
Die eingetragene Gesellschaft ist Springer Fachmedien Wiesbaden GmbH
Die Anschrift der Gesellschaft ist: Abraham-Lincoln-Str. 46, 65189 Wiesbaden, Germany

Was Sie in diesem *essential* finden können

- Dieses *essential* gibt einen Überblick über den Themenkomplex Smartphone-Sucht.
- Zusätzlich wird aus psychologischer und neurowissenschaftlicher Perspektive erläutert, warum Smartphones und soziale Netzwerke uns so stark in den Bann ziehen können.
- Es werden einige Tipps für den Umgang mit digitalen Welten in Beruf, Freizeit und Familie gegeben.

Das Buch ist meiner Frau Susanne und unserem Nachwuchs Hannah gewidmet. Hannah, mögest Du eine möglichst analoge Kindheit haben!

Ein paar Gedanken vorab

Carpe Diem (Römisches Sprichwort, Horaz).

My colleagues and I have found out that when an animal learns something, there is an alteration in the communication between nerve cells and, thus, the brain changes. Nerve cells communicate more effectively with one another. There are two forms of memory – first a short-term memory, which lasts minutes or most hours, which leads to a functional change in communication. It is a transient, reversible change. But if you repeat this experience, so that it goes into long-term memory, you turn on genes in the brain. And those genes give rise to proteins that lead to the growth of new connections between nerve cells. So you have an anatomically different brain after you have learned something than the brain you had before (Eric Kandel 2006).[1]

When we learn a new skill the brain has to work hard – it is a consciously directed process requiring frequent repetition and the expenditure of energy. But once it is learnt, the skill – the motor and sensory coordination of muscles by the brain – becomes unconscious, fast and efficient. Only a small area of the brain is activated when the skill is exercised, although at the same time it has been shown, for instance, that professional pianists' brains develop larger hand areas than the brains of amateur pianists. To learn is to restructure your brain (Henry Marsh 2017, S. 173).[2]

---

[1]http://www.austrianinformation.org/november-december-2006/2006/12/15/an-interview-with-eric-kandel.html (Webseite besucht am 28.09.2017).

[2]Marsh, H. (2017). Admissions. A Life in Brain Surgery. London, Weidenfeld & Nicolson.

Vorwort

Das Verfassen des vorliegenden Bandes war mir längere Zeit ein Anliegen, obwohl ich die Idee des Schreibens immer wieder verworfen habe. Nach einem Interview zum Thema Smartphone-Nutzung in Deutschland mit dem Spiegel-Redakteur Guido Kleinhubbert (siehe auch sein Spiegel-Bericht „Das Volkslaster" auf S. 62–63 in der Ausgabe 13/2015) ermunterte er mich, dieses Buch zu schreiben. Ich entschied mich nach dem damaligen Interview gegen das Verfassen von *Homo Digitalis* und gab das Schreiben des nun vorliegenden *essentials* für meine Arbeit an *Persönlichkeit – Auf der Suche nach unserer Individualität* auf (Montag 2016). Meine Zweifel an dem Projekt *Homo Digitalis* sind darauf zurückzuführen, dass es sich bei der Thematik um ein sich zu schnell entwickelndes Wissensgebiet handelt. Unweigerlich werden beim Erscheinen des vorliegenden Textes bereits einige neue bedeutsame Studien zum Umgang mit digitalen Welten veröffentlicht sein, die nicht in *Homo Digitalis* berücksichtigt werden konnten. Das Problem von immer schneller erscheinenden neuen wissenschaftlichen Erkenntnissen und einer immer kürzeren Halbwertzeit des Wissens gilt natürlich auch für andere Wissenschaftsgebiete der Psychologie. Eine aktuelle Studie von Neimeyer et al. (2014) schätzt die Halbwertzeit des Wissens in der Psychologie über alle Unterdisziplinen hinweg aktuell auf acht bis neun Jahre. Diese Zahl wird in Zukunft sicherlich noch abnehmen, was unter anderem auf die digitalen Entwicklungen in unserer Gesellschaft zurückzuführen ist. Kurzum, die allgegenwärtige Verfügbarkeit des Internets macht auch vor einer dramatischen Beschleunigung der wissenschaftlichen Forschung nicht halt. Besonders die Auseinandersetzung mit dem Themenkomplex *Homo Digitalis* scheint mir aufgrund seiner Dringlichkeit für unsere Gesellschaft von einem besonderen Tempo gekennzeichnet zu sein.

Die Probleme der Schnelllebigkeit des Forschungsfeldes *Smartphones und das menschliche Gehirn* kollidiert mit dem Wunsch vieler Menschen nachhaltig verstehen zu wollen, was digitale Welten mit uns machen. Es ist zunehmend schwierig, eine allgemeingültige Orientierung zum richtigen Umgang mit digitalen Welten zu finden. Dies ist meines Erachtens darauf zurückzuführen, dass dringend benötigte längsschnittliche Studien zu der Wirkweise von digitalen Welten auf das menschliche Gehirn bis jetzt kaum umgesetzt worden sind. Längsschnitt bedeutet, dass über mehrere Zeitpunkte Daten zur Beantwortung einer Fragestellung gesammelt werden. Je nach Thema in der Psychologie geschieht dies am besten über viele Jahre hinweg. Möglicherweise spiegelt sich in der geringen Anzahl solcher Studien auch die Befürchtung von Wissenschaftlern wider, dass in ein paar Jahren andere (digitale) Technologien in Mode sein werden und eine heute relevante Frage dann vielleicht hinfällig ist. Kommunizieren wir in ein paar Jahren überhaupt noch über das Smartphone? Gibt es nach wie vor soziale Netzwerke in der aktuellen Form im World Wide Web/Internet? Zusätzlich stellen längsschnittliche Studien natürlich einen ungeheuer großen Zeit- und Finanzaufwand dar. Trotzdem sind sie unerlässlich, um in der Psychologie Ursache-Wirkungs-Prinzipien herausarbeiten zu können. Das häufige Fehlen solcher Studien wird uns als Problem im Text weiter unten immer wieder begleiten.

Ich selber erforsche das Thema seit vielen Jahren, sodass ich aufgrund der eigenen langen wissenschaftlichen Beschäftigung mit digitalen Welten hoffentlich einige interessante Einblicke in das momentan verfügbare Wissen über den vorliegenden Themenkomplex vermitteln kann. Zusätzlich habe ich in der Vergangenheit viele Vorträge über Internet- und Smartphone-Sucht im In- und Ausland vor ganz unterschiedlichem Publikum gehalten. Von daher weiß ich aus erster Hand, dass sehr viele Menschen unter uns von einem Zuviel an Digital betroffen sind. Dabei handelt es sich nicht nur um die aktuell *1 % Internetsüchtigen* in Deutschland (Rumpf et al. 2011). Und dabei ist auch egal, ob das Familienleben, der Schulunterricht, das Studium oder die Arbeitswelt betroffen ist. In allen diesen Lebensbereichen gibt es Probleme durch ein Zuviel an den Geräten.

Einige Gedanken in dem vorliegenden Buch habe ich in Teilen bereits in internationalen Fachzeitschriften oder deutschsprachigen Artikeln veröffentlicht (z. B. Duke und Montag 2017a; Montag 2015, 2017; Montag und Walla 2016). Mir geht es in *Homo Digitalis* darum, einmal meinen Wissensstand in kompakter Art und Weise zusammenzuführen. Ich bin davon überzeugt, dass die vorliegende Form eines *essentials* für Menschen mit wenig Zeit schnell etwas Orientierung für die Beantwortung der vielen Fragen im Hinblick auf den Umgang mit digitalen Welten geben wird.

Bevor wir uns nun mit dem vorliegenden dynamischen Wissenschaftszweig beschäftigen, ist es mir sehr wichtig darauf hinzuweisen, dass ich persönlich Smartphones oder das Internet weder für gut noch für schlecht halte. Eine solche Einschätzung ist meines Erachtens schlichtweg vom Kontext abhängig. Neue Technologien sind in vielen Bereichen unseres Lebens sehr hilfreich. Wenn man beruflich viel unterwegs ist, kann man durch diese Technologien einfach und kostengünstig Kontakt mit zu Hause halten. Ich selber arbeite neben meiner Tätigkeit an der Universität Ulm, Deutschland, aktuell auch an der University of Electronic Science and Technology of China (UESTC) in Chengdu, China.[3] Ohne Plattformen wie *Skype* und *WhatsApp* würde ich große Probleme haben, mit meiner Frau täglich in Verbindung bleiben zu können. Ich persönlich möchte deswegen nicht auf diese technologischen Errungenschaften der letzten Jahre verzichten. Dies sage ich vorneweg, damit durch die kritischere Sichtweise in diesem Buch nicht der Eindruck entsteht, dass digitale Neuerungen/Welten per se schlecht seien. Entsprechend versuche ich im Buch an geeigneter Stelle ein paar wissenschaftlich herausgearbeitete Tipps zu geben, in dem es nicht um den generellen Verzicht von Smartphones und der Nutzung digitaler Welten geht, sondern um den *smarten* Umgang mit dem Smartphone und verwandten Technologien. Ich bedanke mich bei Indira Thangavelu für die Unterstützung bei der Bearbeitung der Druckfahnen.

Informationen über weitere Forschungsaktivitäten und Updates zum Thema finden sich unter www.christianmontag.de.

Viel Spaß beim Lesen.

im November 2017   Christian Montag

---

[3]*Chéngdū* (成都) liegt in der chinesischen Provinz *Sìchuān* (四川) und ist mit etwa vierzehn Millionen Einwohnern eine Mega-City. *Chéngdū* ist bekannt für sehr feuriges Essen, die *Sìchuān* Oper, das Pandabären-Camp und den chinesischen Dichter *Dù Fǔ* (杜甫).

Inhaltsverzeichnis

Vom Homo Sapiens zum Homo Digitalis

1

Ich habe gerade den Begriff *Homo Digitalis* gegoogelt[1]. Innerhalb von 0,46 s poppen 174.000 Treffer auf. Der Begriff *Homo Digitalis* besitzt anscheinend schon jetzt für viele Menschen eine gewisse Präsenz im Sprachschatz. Verwundert bin ich darüber nicht. Die Paarung der beiden Worte *Homo* und *Digitalis* ist intuitiv und naheliegend, besonders wenn man an den rapiden digitalen Wandel der letzten Jahre denkt. Es gibt kaum einen Bereich unseres Lebens, der nicht von einem gewissen Grad an Digital durchzogen wäre. In naher Zukunft wird der lange Arm digitaler Welten mit der Erweiterung des *Internet of Things* noch weiter reichen. Unter dem Begriff *Internet of Things* versteht man den komplett vernetzten Alltag. Im *Internet of Things* wird alles vom Kühlschrank bis hin zu den Rollläden in der eigenen Wohnung mit dem Internet verbunden sein. Dann lässt sich auch die Kaffeemaschine per App auf dem Smartphone steuern.

Ich stelle mir selber die Frage, ob sich unsere Gattung *Homo Sapiens* durch den ständigen Umgang mit digitalen Welten in seinem Wesen verändert. Wird der *Homo Sapiens* in Zukunft eine noch stärkere Symbiose mit der digitalen Technik eingehen? Und was passiert dann genau? In gewisser Weise könnte man das dauernde Herumtragen des Smartphones bereits jetzt als Erweiterung des eigenen Denkapparates ansehen (Barr et al. 2015). Das Endresultat einer solchen symbiotischen Entwicklung wäre möglicherweise der Transit vom *Homo Sapiens* hin zum *Homo Digitalis*. Käme es so weit, würde dies eine überaus interessante evolutionäre „Karriere" des modernen Menschen darstellen. Besonders gilt dies vor dem Hintergrund der Anfänge von *Homo Sapiens* vor schätzungsweise gerade einmal 150.000 Jahren in den Savannen Afrikas. Von dort ist es nur ein Wimpernschlag in der Erdgeschichte zur bemannten Mondlandung im Jahr 1969 und von da aus ein paar Jahrzehnte weiter zur digitalen Revolution.

---

[1]Zugriff auf Google.de am 28.08.2017.

© Springer Fachmedien Wiesbaden GmbH 2018
C. Montag, *Homo Digitalis,* essentials,
https://doi.org/10.1007/978-3-658-20026-8_1

Zukünftige Generationen werden möglicherweise ein Ereignis am 9. Januar 2007 als Wendepunkt der Geschichte definieren. In der Stadt der Cable Cars und der Golden Gate Bridge wurde das Smartphone salonfähig gemacht. Um 9.42 Uhr (Pacific Standard Time) verkündete Steve Jobs die dritte große Neuigkeit aus dem Hause Apple für diesen Tag: „Well today, we're introducing THREE revolutionary new products. The first one is a widescreen iPod with touch controls. The second is a revolutionary new mobile phone. And the third is a breakthrough Internet communications device. An iPod, a phone, an Internet mobile communicator ... these are NOT three separate devices! And we are calling it iPhone. Today Apple is going to reinvent the phone."[2] Apple und zahlreichen Entwicklern aus dem Silicon Valley ist es zu verdanken, dass die heutigen digitalen Technologien im Hosentaschenformat in kinderleichter Weise von Jedermann zu bedienen sind. Begünstigt hat den Siegeszug der Smartphones auch der zunehmend erschwingliche Preis über die Jahre. Die günstigsten Geräte sollen seit letztem Jahr sogar schon für 3,27 EUR erhältlich sein![3] Der Erfolg des Smartphones lässt sich ebenfalls durch weltweite Nutzungszahlen beschreiben. Nach aktuellen Schätzungen besitzen in etwa zwei Milliarden Menschen rund um den Globus ein Smartphone[4]. Diese enorme Zahl untermauert die Verankerung des Smartphones in unserer digitalen Gesellschaft. Dies möchte ich nun auch anhand einiger persönlicher Beispiele illustrieren.

Im Spätsommer 2014 verbrachte ich eine Woche in Singapur. Meine Frau und ich hatten dort berufliche Verpflichtungen. Nach einem Besuch der Stadtviertel *Kampong Glam* und *Little India* machte ich mich an einem sehr sonnigen und warmen Tag auf, um einen Vortrag an der *National University of Singapore* zu halten. Ich habe noch gute Erinnerungen an den Tag, da ich Probleme hatte, ohne mein Smartphone den Weg zum richtigen Teil der Universität zu finden. Damals waren die Kosten für eine Internetverbindung im Ausland immer noch sehr hoch. Deswegen verzichtete ich darauf, einen entsprechenden Internetzugang für mein Smartphone in Singapur zu buchen.[5] Um pünktlich zu meinem Vortrag zu kommen, hatte ich mir den Weg vorher genau zurechtlegen müssen. Ich machte mich

---

[2]https://www.engadget.com/2007/01/09/live-from-macworld-2007-steve-jobs-keynote/ (Webseite am 28.08.2017 besucht).

[3]https://www.welt.de/wirtschaft/webwelt/article152327016/Das-ist-das-guenstigste-Smartphone-der-Welt.html (Webseite am 28.08.2017 besucht).

[4]https://de.statista.com/statistik/daten/studie/309656/umfrage/prognose-zur-anzahl-der-smartphone-nutzer-weltweit/ (Webseite am 28.08.2017 besucht).

[5]Das Navigationssystem eines Smartphones ist heutzutage kostenlos über vorneweg geladene Karten und GPS zu nutzen.

mit den öffentlichen Verkehrsmitteln auf den Weg zur Universität. Das öffentliche Verkehrsnetz ist in Singapur sehr gut ausgebaut und wird mit MRT abgekürzt (MRT = *Mass Rapid Transit*). Grundsätzlich fahre ich nicht nur in anderen Ländern sehr gerne mit den öffentlichen Verkehrsmitteln, sondern auch gerne in Deutschland. Es lässt sich auf diese Weise immer viel entdecken. Deswegen versuche ich auch beim Reisen mit Bus und Bahn ab und an auf die Interaktion mit meinem Smartphone zu verzichten. Das klappt natürlich nicht immer, zumal man beim mehrstündigen Pendeln auch sehr gut auf Laptop & Co. arbeiten kann. Ich spreche aus Erfahrung, da ich selber sehr häufig zwischen Ulm und meiner Heimatstadt Köln mit dem Schnellzug fahre. Warum es tatsächlich sinnvoller ist, einfach mal seinen Gedanken nachzuhängen und nicht dauernd mit dem Smartphone herumzuspielen, werde ich an späterer Stelle in diesem Band erläutern.

Anstatt von meinem Smartphone absorbiert zu werden, verfolgte ich an diesem späten Sommertag in Singapur wahrscheinlich als einzige Person, was in der MRT vor sich ging. So gut wie alle Menschen in der MRT-Linie waren komplett in ihre Smartphones vertieft. Manche der Nutzer zeigten keinerlei Regung. Hypnotisierte Blicke auf kleine Geräte allerorts. Falls in diesem Moment Außerirdische gelandet wären, hätte es für sie garantiert so ausgesehen, als ob Menschen gerne für sich bleiben, um von kleinen Geräten aufgesogen zu werden. Natürlich kennen wir diese Art der Bilder mittlerweile auch aus Deutschland. Die geballte Menge an komplett in sich versunkenen Personen um mich herum empfand ich damals jedoch schon sehr bemerkenswert.

Bei näherer Betrachtung des Bildes, welches ich in der MRT-Line aufgenommen habe, ist mit Ausnahme einer Person wirklich niemand zu entdecken, der nicht auf ein Smartphone oder ein anderes technisches Gerät blickt. Lediglich eine Person ganz hinten links im Bild hält nichts in der Hand, scheint dafür aber neidisch auf ihre Nachbarin zu schauen. Vielleicht denkt sie gerade „Ich möchte auch so ein Gerät haben!" oder „Wann sprichst Du endlich mit mir? Leg auf!". Wir werden es nie erfahren. Smartphones gehören mittlerweile anscheinend zum Pendeln in öffentlichen Verkehrsmitteln wie der Dom oder der Effzeh zu Köln. Ich bin an jenem Tag übrigens noch pünktlich zu dem Vortrag erschienen, auch wenn es dafür ein wenig mehr Vorbereitung als mit einem Smartphone inklusive einer Onlineverbindung gebraucht hatte.

Szene-Wechsel zu einer etwas länger zurückliegenden Reise im Jahr 2011: Für lange Zeit hegte ich den großen Wunsch nach Tibet zu reisen. Viele Menschen erliegen der Faszination der uralten tibetischen Kultur mit dem ikonischen Potalla-Palast in Lhasa und den vielen Klöstern im direkten Umland. Auch die gewaltige Gebirgsformation des Himalayas gilt vielen als Sehnsuchtsort. Das sagenumwobene Shangri-La ist aber in unseren digitalen Zeiten noch schwerer zu finden als für die zahlreichen Abenteurer in vergangener Zeit. Denn selbst im letzten Winkel von Tibet hatte ich im Jahr 2011 bereits ein starkes Empfangssignal auf dem Smartphone. Erstaunlich. Wer also eine digitale Auszeit sucht, wird diese leider auch in Tibet nicht mehr finden. Die Hauptstadt Lhasa ist mittlerweile eine hoch moderne Stadt und hat nicht mehr viel mit den berühmten Reisebeschreibungen in *Sieben Jahre in Tibet* von Heinrich Harrer zu tun. Außer um den mittelalterlichen Bezirk des Jokhang-Tempels gibt es wenig Kontemplatives zu finden.

Das Wetter zeigte sich auch auf dieser Reise von seiner besten Seite. Der Himmel war zumeist tiefblau und öffnete sich weit über dem kargen tibetanischen Hochplateau, um einen klaren Blick gen Himalaya freizugeben. Auf einigen Berghängen waren tibetische Gebetsflaggen zu sehen, die bunt im Wind flatterten. Ich selber kämpfte von Anfang an mit der dünnen Luft und war in den ersten Tagen von starken Kopfschmerzen und nächtlicher Unruhe geplagt. Das nächste Mal schwor ich mir, nur mit der Eisenbahn anzureisen. Im Vergleich zum Flugzeug kann man sich mit der Bahn besser Stück für Stück an den fehlenden Sauerstoff gewöhnen. Trotz meiner nicht besonders guten Verfassung erinnere ich mich noch an viele beeindruckende Momente dieser Reise. Dazu gehört sicherlich die starke Religiosität vieler Tibeter, die über viele Wochen, manchmal Monate hinweg ihren Körper der Länge nach am Boden vermessen, um über diese Art der Fortbewegung zum heiligen Jokhang-Tempel in Lhasa zu pilgern. Dies fiel mir sofort auf, als ich vom Flughafen mit dem Taxi zum Hotel fuhr und der Taxi-Fahrer an einem Zebrastreifen halt machte. Dort ließ er Pilger vorbei, die immer wieder aufstanden, um sich dann wieder der Länge nach zu Boden zu werfen und an dem Ort der ausgestreckten Arme an den Fingerspitzen wieder aufzustehen.

An den nächsten Tagen unternahm ich mehrere Ausflüge in die umgebenden Klöster. Leider bin ich mir nicht mehr sicher, in welcher Ortschaft das Foto entstand (Abb. 1.1, Mitte). Allerdings kann ich berichten, dass es sich bei dem Motiv um keinen Einzelfall handelte und ich mir die Szene nicht durch Sauerstoff-Mangel im Gehirn einbildete. Vor einer kargen Tempelmauer stand ein tibetischer Mönch, der ein Smartphone in der Hand hielt und telefonierte. Tatsächlich besitzen viele Mönche ein Smartphone und verbringen einige Zeit an diesen Geräten. Für mich mutete dieses Motiv wie ein Zusammenprall der Zivilisationen an. Die uralte buddhistische Tradition kollidiert in dieser Szene unerwartet mit der Moderne. Ich persönlich kann mir nicht vorstellen, inwieweit die Nutzung eines Smartphones der Ruhe für das Studium buddhistischer Texte in der Abgeschiedenheit eines tibetischen Klosters zuträglich ist. Ohne wertend sein zu wollen, führen doch die vielen Unterbrechungen durch das Smartphone genau zu dem

Abb. 1.1 Smartphones sind allgegenwärtig in unserer Welt. Beim Pendeln in öffentlichen Verkehrsmitteln, am Hochzeitstisch, im tibetischen Kloster oder beim deutschen Volksfest. (Fotos von Christian Montag)

Gegenteil. Mancher Mönch sieht das wohl anders.[6] Wenn aber schon buddhistische Mönche dem Smartphone nicht entsagen können, wird es bei uns wahrscheinlich noch schlimmer sein, oder?

Es ist das Jahr 2015 und ich nahm zum zweiten Mal an dem wichtigsten Volksfest in meiner Universitätsstadt Ulm teil. Jedes Jahr wird an dem sogenannten Schwör-Wochenende eine große Party gefeiert. Am Samstagabend stellte sich eine schöne Abendstimmung ein. Tausende kleine Lichter wurden auf die Donau gesetzt, die langsam mit der Strömung am Fischer-Viertel vorbeizogen. Die Ulmer nennen diese Veranstaltung auch Lichterserenade. Für mich sah der langsame Zug der vielen Lichter über das Wasser wie langsam fließende Lava eines ausgebrochenen Vulkans aus. Es hatte etwas Unwirkliches. Es lohnt sich in jedem Fall, einmal dabei zu sein und für das Schwör-Wochenende nach Ulm zu kommen. Besonders gilt dies auch für das *Nabada* (schwäbisch: Hinunterbaden) am darauffolgenden Montag, in dem die Ulmer sich mit manch einem abenteuerlichen Gefährt auf die Donau begeben, um sich gegenseitig nass zu machen.

Zum Schluss der Lichterserenade an besagtem Samstagabend wurde ein Feuerwerk gezündet. Das in Abb. 1.1 unten dargestellte Foto ist während dieses Feuerwerks entstanden. Es zeigt ein zeitgemäßes Motiv aus unserer digitalen Gesellschaft. Sobald etwas vermeintlich Interessantes passiert, machen Menschen Fotos/Videos, die sie sich im Zweifel nie wieder ansehen werden.[7] Durch das Fokussieren auf das digitale Festhalten des Moments benötigen wir aber so viel kognitive Ressourcen, dass wir den eigentlich schönen Moment emotional gar nicht mehr erleben. Das Befolgen des alten römischen Sprichwortes „Carpe Diem" („Hüte den Tag" oder etwas freier „Lebe den Moment") scheinen wir durch den permanenten Umgang mit dem Smartphone zu verlernen.

Viele von uns füttern genau in diesen Momenten unseres Lebens auch die sozialen Netzwerke im Internet. Durch das Posten des Feuerwerks in Form eines Fotos/Videos auf Facebook oder anderen Plattformen lässt sich schnell der ganzen Welt (oder zumindest dem eigenen Netzwerk) zeigen, wie toll unser Leben gerade ist. Gespannt warten wir auf eine Bestätigung in Form von *Likes* von

---

[6]http://www.telegraph.co.uk/news/world/china-watch/society/tibetan-monks-embrace-smartphones/.
[7]Diese Aufnahmen werden gerne auch im Dunkeln gemacht und haben dann eine besonders schlechte Qualität.

unseren Freunden[8] (siehe auch Kap. 6). Viele Studien zeigen, dass das Vorgaukeln perfekter Welten auf unseren digitalen Profilen zu negativen Emotionen bei den Rezipienten der Nachrichten und Bilder führt. Uns wird von anderen Nutzern sozialer Netzwerke immer wieder suggeriert, wie toll deren Leben sind. Zeitgleich empfinden die Betrachter der Bilder/Videos ihr eigenes Leben dann im Vergleich oftmals als wenig spannend und manchmal sogar öde. Dies ist nicht unproblematisch, da eine Studie von Song et al. (2014) mehrere Studien zum Thema Einsamkeit und Facebook-Nutzung auswertete und Hinweise darauf fand, dass einsame Menschen eher dazu neigen, Facebook vermehrt zu nutzen. Die Autoren schreiben, dass „lonely individuals who are shy and have low social support may turn to Facebook to compensate for their lack of social skills and/ or social networks in FtF[9] settings" (S. 450). Gerade für diese Gruppe von Menschen ist es besonders schwer zu ertragen, das „geschönte" Leben anderer Personen permanent vor Augen geführt zu bekommen (Bhagat 2015). Übertrieben lang verbrachte Zeit auf Facebook kann in solchen Fällen eventuell sogar zu depressiven Symptomen führen. Dies gilt besonders, wenn Facebook-Nutzer soziale Vergleiche anstellen (Steers et al. 2014; siehe auch Abb. 1.2).

Besonders einsame Menschen müssen sich in diesen Momenten immer wieder vor Augen führen, dass Facebook nur einen Bruchteil der Realität einer Person darstellt und es keine perfekten Leben gibt. Eine etwas neuere Studie von Tandoc et al. (2015) kommt übrigens zu ähnlichen Befunden: Facebook-Nutzung kann zu depressiven Symptomen führen, aber nur wenn das Betrachten der Posts von anderen Personen in dem Rezipienten Neid auslöst. Das passt sehr schön zu den Befunden von Steers et al. (2014) die den *sozialen Vergleich* als entscheidende Variable herausgearbeitet haben. Tandoc et al. zeigen aber auch, dass Facebook-Nutzung sogar mit geringeren depressiven Symptomen assoziiert ist, wenn die Variable *Neid* aus dem Zusammenhang zwischen Facebook und Depression rausgerechnet wird. Insgesamt zeigt sich, dass auch die Nutzung von Facebook generell weder gut noch schlecht ist, sondern es für eine solche Einschätzung auf viele Variablen wie die Eigenschaften/Situation einer Person ankommt (siehe auch Kap. 3 und 4).

---

[8]Der Begriff „Freunde" wird in sozialen Netzwerken immer wieder strapaziert. Tatsächlich wird durch die sogenannte Dunbar-Zahl gezeigt, dass Menschen aufgrund der Größe ihres Neocortex des menschlichen Gehirns zu nicht mehr als 150 Personen im „echten" Leben stabile Beziehungen aufrecht halten können (Dunbar 1993). Diese Zahl wurde auch bereits für den Umgang mit digitalen Welten für gültig befunden (Gonçalves et al. 2011).

[9]Anmerkung des Autors: Face-to-Face.

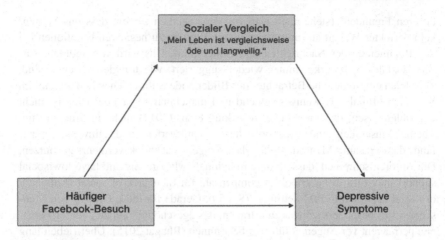

Abb. 1.2 Häufiger Facebook-Besuch kann bei besonders einsamen Menschen zu depressiven Symptomen führen. Dies gilt besonders dann, wenn diese Nutzer ihr eigenes Leben ständig mit den oftmals geschönten Profilen auf Facebook vergleichen. (In Anlehnung an Steers et al. 2014)

Ich möchte ein letztes Beispiel anführen, welches die Verbreitung der Smartphones in unserer Gesellschaft und die damit einhergehenden Probleme illustriert. Es handelt sich dabei um die *Smombie-Ampel*. *Smombie* war das Jugendwort des Jahres 2015 und beschreibt den sogenannten *Smartphone-Zombie*. Jugendliche haben das Problem der Abschottung durch Smartphones selber schnell erkannt und einem Smartphone-Süchtigen den entsprechenden Namen verpasst.

Um *Smombies* das Leben zu retten, wurden in Köln tatsächlich die ersten Bodenampeln an Haltestellen der Straßenbahn verankert (Abb. 1.3). Diese sollen dafür sorgen, dass der Smartphone-Nutzer durch den Blick auf die Bodenampel vor der herannahenden Straßenbahn gewarnt wird. Ohne Frage stellen Smartphones mittlerweile ein großes Unfallrisiko im Straßenverkehr dar, weil wir nicht dazu in der Lage sind, unsere Aufmerksamkeit gleichzeitig auf den Verkehr und das Gerät zu lenken. Hier sind wir also keine guten Multitasker! In einer großen Erhebung konnte gezeigt werden, dass 17 % der Fußgänger das Smartphone während des Gehens nutzen und so naturgemäß nicht auf den Verkehr aufpassen.[10] Für den Automobil-Straßenverkehr ist herausgearbeitet worden, dass

---

[10]https://www.dekra.de/de-de/fussgaenger-beim-ueberqueren-der-strasse-riskante-ablenkung-durch-smartphones/.

Abb. 1.3 Bodenampeln für Smartphone-Nutzer in Köln. (Fotos von Christian Montag, siehe auch in Duke und Montag 2017a)

jeder 14. Deutsche im Auto sein Smartphone nutzt.[11] Der Gesetzgeber hat hier schon reagiert. Bis vor Kurzem wurde das Nutzen des Smartphones am Steuer mit einem Punkt in Flensburg und 60 EUR Bußgeld bestraft.[12] Mittlerweile liegt das Bußgeld sogar bei 100 EUR, was die Probleme von Smartphones am Steuer deutlich untermauert.[13]

Kurzum, die vielen Anekdoten aus dem Alltag führen zu der Frage: Was macht der tägliche Umgang von Smartphones und der zahlreichen anderen digitalen Quellen mit uns? Können wir gar von sucht-ähnlichem Verhalten im Umgang mit Smartphones sprechen? Wo beginnt das Zuviel?

---

[11]http://www.tagesspiegel.de/weltspiegel/smartphones-im-auto-handy-nutzung-haupt-grund-fuer-500-tote-im-verkehr/13941412.html (Webseite besucht am 5. September 2017).

[12]http://www.bussgeldkatalog.de/handy/ (Webseite besucht am 8. September 2017).

[13]https://www.besmart-mobil.de/neuerungen-2017-bussgeld-fuer-das-handy-steuer-steigt (Webseite besucht am 23. September 2017).

Die wissenschaftliche Beschäftigung mit Internet- und Smartphone-Sucht nimmt international an Fahrt auf

2

Die Abb. 2.1 in dem folgenden Kapitel zeigt das Wachstum an Studien zum Thema Internet- und Smartphone-Sucht beginnend mit dem Jahr 1996. Als einen wichtigen Startpunkt der Forschung könnte man die Veröffentlichung der Publikation mit dem Titel „Addictive Use of the Internet: A Case that breaks the Stereotype" von Kimberly Young in der Fachzeitschrift *Psychological Reports* nennen (Young 1996). Wie sich in der Abbildung zeigt, gibt es eine stark steigende Zahl an wissenschaftlichen Arbeiten zum Thema Internet- und Smartphone-Sucht. Dabei stellt die Beschäftigung mit Internet- und Smartphone-Sucht eine entscheidende Triebfeder für Wissenschaftler rund um den Globus dar, um die Auseinandersetzung mit digitalen Welten zu charakterisieren. Warum der Suchtbegriff von besonderer Bedeutung im Umgang mit dem Internet und dem Smartphone ist, wird in Kap. 3 näher thematisiert.[1]

Die Zahlen in der Abbildung zeigen zudem, dass Internet-Sucht schon seit über 20 Jahren untersucht wird. Smartphone-Sucht stellt dagegen ein eher neues und nach wie vor wenig erforschtes Gebiet dar. Die Unterscheidung beider Begriffe mag verwundern, da ein Smartphone ohne einen Internetzugang nicht denkbar wäre. In der Wissenschaft wird gerade darüber diskutiert, worin mögliche Unterschiede zwischen beiden Begriffen liegen (Duke und Montag 2017a; Lachmann et al. im Druck). Internet-Sucht stellt in meinen Augen einen etwas breiter zu fassenden Begriff als Smartphone-Sucht dar. Erwähnenswert ist aber auch, dass es auf dem Smartphone Applikationen wie den Messenger *WhatsApp*

---

[1]Die dargestellte Verlaufskurve in Abb. 2.1 basiert auf sehr konservativen Zahlen, da ich für die Recherche lediglich die medizinische Suchmaschine www.pubmed.com hinzugezogen habe. Zusätzlich sind aber auch zahlreiche wissenschaftliche Arbeiten über den Themenkomplex erschienen, die mit anderen Stichwörtern bei der Veröffentlichung versehen worden sind. Dazu gehören Begriffe wie *problematische Internetnutzung* oder *Cyber-Sucht*.

© Springer Fachmedien Wiesbaden GmbH 2018
C. Montag, *Homo Digitalis*, essentials,
https://doi.org/10.1007/978-3-658-20026-8_2

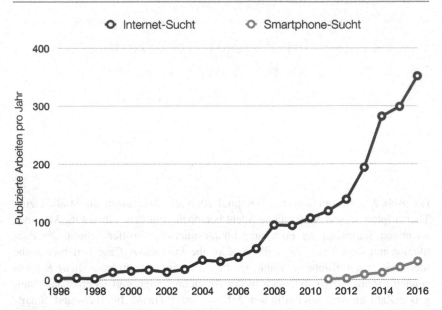

Abb. 2.1 Fast jedes Jahr steigen die publizierten Forschungsarbeiten zum Thema Internet- und Smartphone-Sucht an. Auf der Y-Achse ist die Anzahl an jährlich publizierten Arbeiten abgetragen. Auf der X-Achse findet sich das jeweilige Jahr. Die Zahlen wurden am 2. September 2017 recherchiert

gibt, die es lange Zeit nicht für den normalen Desktop-Computer gab und somit eher spezifisch für die Domäne Smartphone sind. Wer sich mehr für den Begriff Internet-Sucht interessiert, dem sei ein umfassendes Kompendium mit Beiträgen von führenden Wissenschaftlern zum Thema empfohlen (herausgegeben von Montag und Reuter 2017). In dem vorliegenden Buch wird es vor allem um den Umgang mit dem Smartphone gehen. Damit der Leser eine etwas genauere Vorstellung über die Nähe der beiden Konzepte zueinander bekommt, sei erwähnt, dass die Internet- und Smartphone-Sucht aktuell zu ca. 25 % überlappen. Diese Zahl ergibt sich aus kürzlich veröffentlichten Studien (Kwon et al. 2013; Montag et al. 2016).

Die Probleme moderner Gesellschaften werden nicht kleiner: Wie sollen wir bloß mit der ständig wachsenden Zahl an Informationen in Form von Nachrichten über Messenger-Kanäle (z. B. *WhatsApp*) oder E-Mails auf dem Smartphone/im Postfach umgehen? Ab wann sollen Kinder/Jugendliche ein Smartphone bekommen? Was macht das Smartphone und das Internet generell mit unserem Gehirn? Wann stört uns das Smartphone bei der Arbeit? Kann uns das Smartphone in bestimmten Situationen sogar unproduktiv machen?

Smartphone-Sucht verstehen 3

Zunächst gilt anzumerken, dass der Begriff Smartphone-Sucht[1] aktuell keine offizielle Diagnose darstellt. In den gängigen Manualen zur Diagnose von psychiatrischen Erkrankungen findet sich bis heute übrigens auch nicht die Internet-Sucht. Letzteres ist bemerkenswert, weil das Konzept Internet-Sucht wesentlich besser verstanden ist und schon bereits seit über zwanzig Jahren erforscht wird.

Ist die Beschäftigung mit dem Thema Smartphone-Sucht deswegen unbedeutend? Ich denke, dass die zahlreichen Beispiele im vorletzten Kapitel gezeigt haben, dass dies nicht der Fall ist. Weiterhin sind Smartphones in unserem digitalen Alltag so etwas wie moderne *Schweizer Allzweckmesser,* die durch ihre vielfältigen Funktionen zu einem praktischen Begleiter geworden sind. Dies ist einerseits positiv zu werten, weil die Geräte uns häufig unterstützen und helfen. Andererseits erklärt die Multifunktionalität der Smartphones auch, warum wir bei der Smartphone-Sucht über ein Phänomen sprechen, welches meines Erachtens ernster genommen werden muss als früher diskutierte Formen der nichtsubstanzgebundenen „Sucht." Wissenschaftler haben im letzten Jahrhundert beispielsweise untersucht, ob man süchtig nach dem Lesen von Büchern, nach dem Schauen von TV-Sendungen, dann aber auch von Spielen eines Computergames und schließlich dem Internet mit seinen vielfältigen Kanälen sein kann. Die Sucht nach Online-Computerspielen wird im Übrigen momentan von vielen Experten als das größte Problem der digitalen Süchte angesehen. Dies äußerst sich in der Aufnahme des Arbeitsbegriffes *Internet Gaming Disorder* in das aktuelle DSM-5 (DSM = *Diagnostic and Statistical Manual of Mental Disorders*). Beim DSM-5 handelt es sich um ein psychiatrisches Manual, welches Richtlinien zur Diagnose

---

[1]Aus Gründen der Einfachheit wird der Sucht-Begriff in diesem Buch analog zu dem Begriff exzessiver Smartphone-Nutzung verwendet, da sich die meisten Leser intuitiv etwas unter dem Begriff vorstellen können.

© Springer Fachmedien Wiesbaden GmbH 2018
C. Montag, *Homo Digitalis*, essentials,
https://doi.org/10.1007/978-3-658-20026-8_3

von psychiatrischen Erkrankungen vorgibt. Der exzessive Umgang mit Smartphones wird bei ausreichendem Leidensdruck der betroffenen Personen und zu beobachtender Symptome meiner Einschätzung nach eventuell das Potenzial für eine Aufnahme in eine nächste DSM-Version besitzen, da zunehmend mehr Menschen für alles und nichts immer wieder zu den Smartphones greifen. Für Wissenschaftler und Praktiker wird aber von großer Bedeutung sein, die Überlappungen mit/ Abgrenzungen zu der Internet-Sucht besser herauszuarbeiten. Zusätzlich muss geklärt werden, wonach die Nutzer genau „süchtig" sind. Ist es das Gerät Smartphone selber, weil es so viele Funktionen hat, auf die man nicht mehr verzichten kann? Oder sind es doch nur eng umgrenzte Inhalte auf dem Smartphone? Dann würde man vielleicht in Bezug auf die Übernutzung der Messenger-Kanäle der Smartphones/des Internets eher von einer Internet-Communication-Disorder sprechen (Brand et al. 2016). Zusätzlich gilt aber zu berücksichtigen, Alltagshandlungen nicht zu stark zu pathologisieren (Billieux et al. 2015).

Ab wann könnte man von einer tatsächlichen Smartphone-Sucht sprechen? Wissenschaftler versuchen für die Beantwortung dieser Frage, Symptome von bereits anerkannten Süchten auf dieses neue Phänomen zu übertragen. Dazu gehören die *ständige gedankliche Beschäftigung mit der Droge* (hier das Smartphone), auch wenn man gerade nicht die Droge konsumiert (also nicht am Smartphone ist). Weitere Symptome wären *Entzugserscheinungen,* wenn das Smartphone außer Reichweite ist. Zusätzlich wird der *Kontrollverlust über die Smartphone-Nutzung* genauso wie *berufliche/private Beeinträchtigung* durch den exzessiven Smartphone-Konsum diskutiert. Einiges spricht dafür, dass diese Symptome aus der Suchtforschung auch auf den exzessiven Umgang mit dem Smartphone zu übertragen sind. So zeigte sich in Zahlen von dem Menthal-Smartphone-Projekt, dass die untersuchten Probanden im Durchschnitt alle 18 min auf das Smartphone zugriffen[2]. Zusätzlich konnte durch das Aufzeichnen von Handydaten bei über 30.000 Teilnehmern dieser Studie gezeigt werden, dass der typische Smartphone-User jeden Tag über zweieinhalb Stunden an dem Gerät verbringt (Andone et al. 2016)! Entsprechend interagieren viele Menschen entweder gerade mit ihrem Smartphone oder beschäftigen sich gedanklich schon mit der nächsten Nutzung. Außerdem schafft es mancher Nutzer nicht, ohne das Smartphone das Haus zu verlassen. Wird das Gerät zu Hause vergessen, wird in manchen Fällen der Heimweg angetreten, um die eigene aufkommende Nervosität durch das Holen des Smartphones ablegen zu können. Es ist mir bewusst, dass viele Menschen auch berufliche Verpflichtungen über das Gerät erledigen müssen.

---

[2]https://www.uni-bonn.de/neues/195-2015.

Dies muss natürlich bei der Diagnostik berücksichtigt werden. Trotzdem illustriert das Beispiel meines Erachtens das Symptom *Entzugserscheinung* ausreichend gut.

Auch private und berufliche Beeinträchtigungen sind durch ein Zuviel auf den Smartphones zu beobachten. Dies wird unter anderem in den Kapiteln über Smartphone-Nutzung in Familien aber auch im Arbeitsleben näher erläutert (siehe Kap. 7 und 8). Wenn einige der aufgeführten Symptome nun bei einer Person zu beobachten wären, könnte man eventuell von einer Smartphone-Sucht sprechen. Auch wenn es für die finale Einschätzung, ob eine Diagnose Smartphone-Sucht notwendig ist und ggf. in Extremfällen behandelt werden muss, zu früh ist, wird durch das hier Geschilderte doch klar, dass der unregulierte Gebrauch für viele Menschen ein Problem darstellt. Wie kommt es aber zu suchtähnlichem Verhalten in diesem Bereich?

Ein zentrales Konzept für ein Verständnis der Entstehung einer Smartphone-Sucht findet sich in Konditionierungskonzepten der Psychologie. In der Psychologie wird zwischen klassischen und operanten Konditionierungsprinzipien unterschieden. Konditionierungsprinzipien beschreiben nichts anderes als simple Reiz-Reiz-Reaktionen. Das klassische Konditionieren ist durch den Pawlowschen Hund weltberühmt geworden. In diesem Experiment machte sich Iwan Petrowitsch Pawlow einen angeborenen Reflex von Hunden zunutze. Dieser Reflex äußert sich in einem angeborenen Speichelfluss der Hunde als unmittelbare Reaktion auf dargebotenes Futter. Wird dem Hund nun jedes Mal beim Zeigen des Futters ein Ton in Form eines Glockentons präsentiert, reicht irgendwann das Läuten der Glocke alleine aus, um den Speichelfluss beim Hund auszulösen. Der Hund hat also gelernt, dass das Läuten der Glocke in der Regel mit der Präsentation des Futters einhergeht. Bei operanten Konditionierungsprinzipien wird spontan auftretendes Verhalten aus dem Alltag durch eine folgende Belohnung oder Bestrafung verstärkt oder vermindert. Wenn ein Kind nach langer Lernvorbereitung eine gute Klausurnote mit nach Hause bringt und dafür ein großes Eis von den Eltern bekommt, würde dies einer *positiven Verstärkung* entsprechen. Positive Verstärkung bedeutet in diesem Beispiel, dass das Lernverhalten in Zukunft zunehmen wird, weil ein belohnender Moment nach der Lernleistung geschaffen worden ist. Es gab von den Eltern ein Eis. Das Kind wird sich deswegen in Zukunft wieder anstrengen (in der Hoffnung auf ein Eis) und viel lernen, um eine gute Note zu schreiben. Der Umgang mit dem Smartphone unterliegt ähnlichen Konditionierungsprinzipien. Dies möchte ich im Detail erläutern.

Stellen wir uns die Situation vor der Einführung des Smartphones vor. Sie sind gerade zu Fuß von der Arbeit auf dem Weg nach Hause und sichten eine Bushaltestelle. Gerade sehen Sie den Bus abfahren. Da der nächste Bus erst in zwanzig

Minuten kommt, wissen Sie, dass Sie sich gleich langweilen werden. An der Bushaltestelle angekommen, schauen Sie auf die Uhr. Immer noch neunzehn Minuten bis zum Bus! Sie schauen nach rechts, dann nach links. Zum Glück kommt ein netter Kollege und Sie begrüßen sich schon von weitem. Schon wenige Minuten später sind Sie in ein freundschaftliches Gespräch vertieft, erfahren den neuesten „Flurfunk" von Ihrem gemeinsamen Arbeitgeber und hören als eine der ersten Personen von der bald anstehenden Neustrukturierung des Unternehmens. Der Bus kommt und Sie steigen mit Ihrem Kollegen ein, um sich gemeinsam auf die anstehenden Veränderungen im Unternehmen in einem Gespräch vorzubereiten.

Stellen wir uns nun die gleiche Situation direkt nach Einführung des iPhones im Jahr 2007 vor. Stellen Sie sich vor, Sie hätten das Gerät damals direkt erworben. Wieder sind Sie auf dem Heimweg, wieder fährt der Bus vor Ihrer Nase weg. Wieder erwarten Sie, dass Ihnen gleich langweilig werden könnte. Doch diesmal bemerken Sie, dass Sie einen neuen Begleiter in der Hosentasche mit sich herumtragen. Wie praktisch! Denn nun können Sie die anstehende Langeweile direkt unterdrücken, in dem Sie auf noch eingehende E-Mails reagieren oder kurz die Schlagzeilen auf einem Nachrichtenportal lesen. Ihren Kollegen an der Bushaltestelle nehmen Sie übrigens gar nicht mehr wahr, da Sie vertieft auf Ihr Smartphone schauen und dadurch sogar fast den Bus verpassen. Ihr Kollege an der Haltestelle schaut zeitgleich übrigens ebenfalls vertieft auf sein Smartphone. Er hat sich natürlich auch schon ein Smartphone gekauft.

Zu guter Letzt stellen wir uns die Situation ein paar Monate nach Erwerb des Smartphones vor. Tagtäglich haben Sie gelernt an der Bushaltestelle das Gerät in die Hand zu nehmen, um einen emotional eher negativen Zustand der Langeweile gar nicht erst aufkommen zu lassen. Mittlerweile hat sich Ihr Smartphone-Verhalten so eingeschliffen, dass das Sehen der Bushaltestelle (Hinweisreiz) ausreicht, um das Gerät automatisch in die Hand zu nehmen. Bewusst denken Sie gar nicht mehr darüber nach, dass gleich Langeweile auftreten könnte. Es reicht also alleine der *Hinweisreiz Bushaltestelle* aus, um das Gerät automatisch in die Hand zu nehmen (siehe auch Abb. 3.1).

Das Erlernen dieses Smartphone-Reflexes wird durch *intermittierende Verstärkungspläne* gefördert. Dies bedeutet, dass Sie durch das Smartphone hin und wieder belohnt werden, wenn Sie es aktivieren. D. h. Sie bekommen sozusagen in unregelmäßigen Abständen eine Belohnung über das Gerät. Diese Belohnung kann sich durch eine nette Mail mit der Information über eine Gehaltserhöhung einstellen, oder aber auch durch einen lustigen Cartoon von einem Freund per *WhatsApp*, genauso wie durch eine Push-Nachricht eines Nachrichtenportals, die den 5:1 Sieg des eigenen Fußball-Vereins verkündet. Die *intermittierende Verstärkung* entspricht auch den Verstärkerplänen beim Glücksspiel im Casino

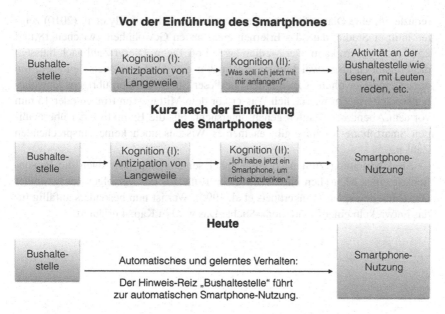

Abb. 3.1 Entstehung der exzessiven Smartphone-Nutzung. (Adaptiert nach Duke und Montag 2017a)

(e.g. Brevers et al. 2015). Da unser Gehirn auf diese Art der Verstärkung sehr gut anspringt, das heißt das damit einhergehende Verhalten sehr gut erlernt, schleift sich die Dauernutzung des Smartphones sehr schnell ein und lässt sich nur sehr schwer wieder löschen, also ablegen. Im Vergleich zur kontinuierlichen Verstärkung ist die intermittierende Verstärkung besonders löchungsresistent (z. B. Crum et al. 1951). Psychologen sprechen hier auch von der *Extinktion* des Verhaltens.

Würde man den *Smartphone-Reflex* an der Bushaltestelle oder in anderen Bereichen des Lebens nun wieder ablegen wollen, müsste man das Gerät mehrere Tage bis zu mehreren Wochen nicht dabei haben oder das Smartphone in einem schwer zugänglichen Bereich wie die innere Tasche des Rucksacks verstauen. Die eigene Hand würde dann über mehrere Wochen bei Sichtung der Bushaltestelle immer wieder ins Leere wandern. Dies bedarf gerade am Anfang einer großen Willensanstrengung, da das Smartphone über mehrere Wochen immer wieder an einen schlecht erreichbaren Ort gepackt werden muss bis das Ablegen des Smartphone-Reflexes selber zu einer Gewohnheit geworden ist.

Wie lange eine Person in der Extinktionsphase verweilen muss, wird unter anderem durch die Art der Tätigkeit beeinflusst, die es zu löschen gilt. Diese unterschiedlichen Tätigkeiten könnten sein: die eigene Smartphone-Nutzung reduzieren, eine Diät anfangen oder mehr Sport machen. Lally et al. (2010) zeigten in ihrer Studie, dass das Erlernen einer neuen Gewohnheit zwischen 18 und 254 Tagen dauern kann. Der Median lag bei 66 Tagen. Dieser Zahl nach mussten die Probanden also zwei Monate regelmäßig eine Verhaltensweise einüben, um daraus eine Gewohnheit zu machen. In dieser Studie wurden übrigens Gewohnheitsveränderungen wie täglich Wasser vor dem Mittagessen trinken oder 15 min vor dem Abendessen laufen gehen untersucht. Für die Extinktion der übermäßigen Smartphone-Nutzung gibt es meines Wissens noch keine entsprechenden Zahlen.

Als Überleitung zum nächsten Kapitel sei erwähnt, dass auch die Persönlichkeit eines Menschen eine wesentliche Rolle für das Verfolgen (un)gesunder Gewohnheiten spielt (Vingerhoets et al. 1990). Wer ist nun besonders anfällig für das Entwickeln einer Smartphone-Sucht? Das wird in Kap. 4 erläutert.

Wer ist besonders anfällig, eine Smartphone-Sucht zu entwickeln?

4

Auch wenn das Smartphone mit seinen vielen Funktionen sehr viele Menschen in seinen Bann zieht, gibt es doch Unterschiede in der Anfälligkeit einer Person, eine Smartphone-Sucht zu entwickeln. In aktuellen Studien zeigt sich häufig, dass junge Menschen eher anfällig dafür sind, eine Smartphone-Sucht zu entwickeln. Teilweise zeigt sich auch, dass besonders junge Frauen im Vergleich zu jungen Männern ein höheres Risiko tragen. Dies hat aber vor allen Dingen mit der Nutzung von Messenger-Kanälen wie *WhatsApp* zu tun. Während Männer in der digitalen Suchtforschung eher anfällig für das Spielen von Online-Computerspielen oder das Betrachten von Online-Pornografie sind, steht bei Frauen die Nutzung von *WhatsApp* & Co. besonders im Vordergrund. D. h. die Art der App-Nutzung auf den Smartphones muss für die Untersuchung von Risikofaktoren unbedingt berücksichtigt werden.

In einer eigenen durchgeführten Studie konnten wir so nachweisen, dass Frauen pro Tag etwa 40 min bei *WhatsApp* verbrachten und Männer „nur" 27 min (Montag et al. 2015b). In dieser Studie zeigte sich zusätzlich, dass besonders extravertierte und wenig gewissenhafte Menschen längere Zeiten auf *WhatsApp* verbrachten. Wie in dem letzten Kapitel dargestellt worden ist, stellt die reine Nutzungsdauer kein gutes/ausreichendes Suchtkriterium dar. Symptome wie Kontrollverlust, Entzugserscheinungen etc. sind von wesentlich größerer Bedeutung. Von daher haben wir eine weitere Studie durchgeführt, in welcher wir die so genannten *Großen Fünf der Persönlichkeit* im Kontext der Smartphone-Sucht untersucht haben (Lachmann et al. im Druck). Über 600 Probanden füllten in dieser Studie Fragebögen zur Erfassung der Smartphone-Sucht und zur Erfassung der *Großen Fünf der Persönlichkeit* aus. Diese fünf Persönlichkeitsdimensionen sind ursprünglich mithilfe eines lexikalischen Ansatzes herausgearbeitet worden (Montag 2016; Montag und Panksepp 2017). Dies bedeutet, dass Psychologen im letzten Jahrhundert Tausende von Eigenschaftsworten wie kooperativ, ängstlich

© Springer Fachmedien Wiesbaden GmbH 2018
C. Montag, *Homo Digitalis*, essentials,
https://doi.org/10.1007/978-3-658-20026-8_4

oder schüchtern aus dem Lexikon herausgeschrieben haben. Diese gewaltigen Wortmengen wurden dann einem statistischen Verfahren mit Namen Faktorenanalyse unterzogen. Als Ergebnis dieser Auswertung resultierten fünf große Wort-Cluster, unter denen man die vielen Eigenschaftsworte subsummieren konnte. Die Idee hinter diesen statistischen Analysen ist recht simpel. Man verfolgt die Annahme, dass sich die Persönlichkeit eines Menschen in unserem Wortschatz widerspiegeln muss. Wir nutzen schließlich unsere Sprache, um uns selber und andere zu beschreiben. Eine Person, die wir als eher depressiv, launisch und voller Schuldgefühle beschreiben, würde man dann mit dem Über-Titel *ein neurotischer Mensch* bezeichnen können. Neben *Neurotizismus* ergaben sich aus den statistischen Analysen die Persönlichkeitsdimensionen *Extraversion, Offenheit für Erfahrung, Verträglichkeit* und *Gewissenhaftigkeit*. Extravertierte Menschen sind besonders lebhaft, durchsetzungsstark und gesellig. Offene Menschen sind intellektuell, ästhetisch und brechen gern zu neuen Ufern auf. Verträgliche Menschen sind einfühlsam und Team-Player. Gewissenhafte Menschen sind pünktlich, sorgfältig und in der Regel kann man sich gut auf sie verlassen. Jeder Mensch lässt sich auf den *Großen Fünf der Persönlichkeit* einstufen. Das heißt, aus den etwas höheren und niedrigeren Werten auf jeder der fünf Dimensionen ergibt sich das eigene Persönlichkeitsprofil einer Person. Da Persönlichkeitseigenschaften relativ stabil über das Leben hinweg sind, ist es interessant herauszuarbeiten, wer nun aufgrund seiner Persönlichkeit eher zu einer Smartphone-Sucht neigt. In der von uns durchgeführten Studie ergab sich, dass besonders geringe Werte auf Gewissenhaftigkeit, geringere Werte auf Verträglichkeit und höhere Werte auf Neurotizismus mit höheren Smartphone-Suchtwerten assoziiert werden konnten (Lachmann et al. im Druck).

Um das Ergebnis ein wenig mit Leben zu füllen, stellen wir uns kurz die folgenden Beispiele vor: Anstatt sich dem Haushalt zu widmen, verbringt eine wenig gewissenhafte Person erst mal einige Zeit auf dem Smartphone mit dem Schreiben von *WhatsApp* Nachrichten. Eine neurotische Person neigt eher zu negativem Affekt und möchte sich durch die Zeit am Smartphone ein wenig von den eigenen dunklen Gedanken ablenken. Eine wenig verträgliche Person möchte möglichst wenig direkte Interaktionen mit anderen Menschen erleben und zieht deswegen Online-Interaktionen echten Begegnungen mit Menschen vor. Wenig verträgliche Personen sind auch weniger empathisch (Melchers et al. 2016).

Neben den *Großen Fünf der Persönlichkeit* gibt es übrigens eine weitere Persönlichkeitseigenschaft von großer Bedeutung, um Smartphone-Sucht zu verstehen. Personen, die zum exzessiven Umgang mit ihrem Smartphone neigen, lassen sich üblicherweise auch durch eine geringere Willenskraft und geringere Selbststeuerung kennzeichnen. Letzteres bedeutet, dass diese Personen unter anderem

Probleme haben, eigens gesetzte Ziele umzusetzen. Geringe Willenskraft würde sich darin äußern, dass Personen einer Versuchung eher schlecht widerstehen können. In der englischen Sprache charakterisiert man diese Menschen auch durch geringe Ausprägungen auf *Self-Directedness* (Selbstlenkungsfähigkeit).[1]

Die hier präsentierten Ergebnisse sind so zu verstehen, dass Personen mit den entsprechenden Persönlichkeitsprofilen und/oder genannten Soziodemografien (Alter, Geschlecht) ein höheres Risiko besitzen, eine Smartphone-Sucht zu entwickeln. Das heißt aber noch lange nicht, dass jede dieser Person tatsächlich eine solche Smartphone-Sucht entwickelt. Wir wissen durch zahlreiche Diathese-Stress-Modelle in der Psychologie und Psychiatrie, dass Personen-Vulnerabilitätsfaktoren[2] gemeinsam mit dem Auftreten von Stressereignissen das Risiko für psychiatrische Erkrankungen wie das Erleiden einer Depression oder hier Smartphone-Sucht erhöhen. Eine neue systematische Übersichtsarbeit von Elhai et al. (2017) weist übrigens auch auf den Zusammenhang zwischen Smartphone-Sucht und negativer Emotionalität in Form von Angst- und Depressionserkrankungen hin. Die Richtung des Wirkmechanismus ist allerdings noch unklar. Sowohl ist es möglich, dass eine Angst- oder Depressionserkrankung zu einer erhöhten Nutzung des Smartphones führt (um sich beispielsweise von den eigenen negativen Gefühlen abzulenken). Es ist allerdings auch denkbar, dass der verursachte Stress durch die ständige Erreichbarkeit, etc. auch der Auslöser einer Depressionserkrankung sein kann. Hier ist ebenfalls der Zusammenhang zu Burnout im Beruf denkbar. Burnout äußert sich häufig in Zynismus und emotionaler Erschöpfung aufgrund der eigenen beruflichen Tätigkeit. Es handelt sich erneut um eine noch nicht anerkannte Erkrankung, die wesentliche Überlappungen mit der Depression zeigt (Bianchi et al. 2015). Am Schluss dieses Kapitels sei darauf hingewiesen, dass Smartphone-Sucht selber bereits mit erhöhtem Stresserleben assoziiert worden ist (Samaha und Hawi 2016).

---

[1]*Self-Directedness* ist eine Charaktereigenschaft aus Cloningers Persönlichkeitsmodell (Cloninger et al. 1993; siehe auch Montag 2016).

[2]Ein Personen-Vulnerabilitätsfaktor ist ein Risikofaktor wie die Ausprägung einer bestimmten Persönlichkeitskonstellation.

Smartphone-Nutzung und das Gehirn 5

Viele Menschen fragen sich, ob sich die ständige Nutzung des Smartphones in irgendeiner Weise auf unser Gehirn auswirkt. Diese Frage ist bis jetzt nur unzureichend erforscht worden, sodass darauf noch keine endgültige Antwort gegeben werden kann. Um allerdings erste Anhaltspunkte zur Beantwortung dieser Frage zu bekommen, können Studienergebnisse aus dem Bereich der Neuroplastizität-Forschung herangezogen werden. Neuroplastizität beschreibt unter anderem, dass unser Gehirn kein unveränderliches Organ darstellt, sondern ähnlich wie ein Muskel trainiert werden kann. So wurde in unzähligen Studien gezeigt, dass sich Hirnareale verändern können, wenn wir bestimmten Tätigkeiten im Alltag häufig nachgehen. Als Beispiel für solche Hirnveränderungen sei eine berühmte Studie mit Taxifahren aus London erwähnt. Um in London eine Lizenz als Taxifahrer zu erhalten, müssen die angehenden Black-Cab-Fahrer eine schwere Prüfung mit dem Titel *The Knowledge* bestehen.[1] Die Untersuchung der Gehirne der erfolgreichen Prüflinge zeigte, dass diese einen Zuwachs von Volumen in Hirnarealen verzeichnen konnten, die eine Art „Navigationssystem im Gehirn" darstellen (Maguire et al. 2000; Woollett und Maguire 2011). Ähnliche Ergebnisse konnten beobachtet werden, wenn Menschen Jonglieren erlernten. Hier kam es unter anderem zu einem Zuwachs an Hirnvolumen in solchen Arealen des Gehirns, die eine wichtige Rolle bei der Verarbeitung von visuell-räumlichen Reizen spielen (Draganski et al. 2004). Interessanterweise zeigte diese Studie auch, dass beim Verlernen der Jonglier-Fähigkeiten genau diese trainierten Hirnareale eine Abnahme des Volumens zeigten. Üblicherweise werden durch das Erlernen der Fähigkeit aber bereits Spuren im Gehirn angelegt, die das spätere Wiedererlernen derselben Fähigkeit erleichtern.

---

[1]https://www.theguardian.com/tv-and-radio/2017/apr/13/the-knowledge-world-toughest-taxi-test (Webseite besucht am 6. September 2017).

© Springer Fachmedien Wiesbaden GmbH 2018
C. Montag, *Homo Digitalis*, essentials,
https://doi.org/10.1007/978-3-658-20026-8_5

Grundsätzlich lässt sich von den genannten Ergebnissen aus der Hirnforschung ableiten, dass unser Gehirn nach dem Prinzip *Use it or lose it* funktioniert. Dies passt auch zu den Erkenntnissen des Nobelpreisträgers Eric Kandel und des Hirnchirurgen Henry Marsh, deren Zitate am Anfang des Buches zu finden sind. Vor dem Hintergrund der kurz dargestellten Studienklassiker wäre es eine Überraschung, wenn die tägliche Nutzung des Smartphones *keine* Spuren in unserem Gehirn hinterlassen würde. Ähnlich wie wir erlernen müssen, filigran mit unseren Händen ein Musikinstrument spielen zu lernen (siehe auch Hyde et al. 2009), bedarf es auch einiger Übung zielgenau die kleinen Buchstaben auf einem Touch-Display eines Smartphones zu treffen. Sieht man mit welcher Geschwindigkeit mancher Jugendlicher diese Fähigkeit beherrscht, wird deutlich, dass auch in diesem Bereich motorische Höchstleistungen erzielt werden. Tatsächlich konnte eine kürzlich veröffentlichte Studie passenderweise nachweisen, dass das Erlernen des Umgangs mit dem Smartphone tatsächlich Spuren in den Hirnarealen hinterlässt, die für die Steuerung der Motorik unserer Hände und Finger eine große Rolle spielen (Gindrat et al. 2015).

Gibt es weitere Veränderungen des Gehirns durch die tägliche Nutzung von Smartphones? Eine neue Studie legt genau dies nahe (Hadar et al. 2017). In dieser Studie wurden unter anderem Probanden eingeladen, die noch nie ein Smartphone genutzt haben. Diesen wurde dann für drei Monate ein Smartphone zur Verfügung gestellt. Die Ergebnisse der Arbeit von Hadar und Kollegen zeigten, dass die Probanden nach der dreimonatigen Nutzung des Smartphones schlechtere Leistungen bei der Lösung von arithmetischen Aufgaben aufwiesen und zusätzlich auch stärker auf soziale Zurückweisung bzw. mit mehr sozialer Konformität reagierten! Hadar et al. untersuchten in ihrer Arbeit in einem weiteren Experiment auch besonders starke Smartphone-Nutzer: Bei diesen wurde eine geringere Erregbarkeit des rechtsseitigen präfrontalen Kortex festgestellt. Die Autoren interpretieren ihre Ergebnisse als mögliche „deficits in a wide range of cognitive capacities such as decision making processes, emotional regulation, executive functioning, working memory, impulsivity and behavioral inhibition" (Hadar et al. 2017, S. 12). Ähnliche Verhaltensbeobachtungen machten kürzlich Kushlev et al. (2016). Sie beobachteten, dass ein exzessiver Umgang mit dem Smartphone zu Aufmerksamkeits-Defizit-Hyperaktivitäts-Syndrom-(ADHS)-ähnlichen Symptomen bei gesunden Probanden führte. Es lässt sich also zusammenfassen, dass sich schon jetzt abzeichnet, dass die dauernde Smartphone-Nutzung das menschliche Gehirn und dann auch unsere Psyche verändert. Wie weitreichend diese Änderungen ausfallen werden, ist aktuell allerdings noch nicht absehbar.

Das Nutzen von sozialen Netzwerken im Internet und das Gehirn

6

Da die Nutzung von sozialen Netzwerken wie *Facebook* oder auch von Messenger-Kanälen wie *Instagram* und *WhatsApp* einen wesentlichen Teil der Smartphone-Nutzung ausmacht, wollen wir uns nun auch der Frage zuwenden, was die Hirnforschung aktuell über die Nutzung dieser Kanäle verrät. Warum sind diese Plattformen so attraktiv für so viele Menschen rund um den Globus? *Facebook* alleine hat aktuell fast 1,8 Mrd. Nutzer weltweit.[1] *Instagram* hat immerhin schon 700 Mio. Nutzer[2], *WhatsApp* wird von 1,3 Mrd. Menschen genutzt.[3]

Einen Einblick in die Wirkmechanismen dieser digitalen Kommunikations-Plattformen geben Studien unter Verwendung bildgebender Verfahren des Gehirns. Diese untersuchten, wie das menschliche Gehirn auf sogenannte *Likes* bei *Facebook* oder *Instagram* reagiert (Meshi et al. 2013; Sherman et al. 2016, im Druck). Bei *Likes* handelt es sich um eine positive Bewertung eines veröffentlichten Bildes oder einer Nachricht auf einer Online-Plattform. In den zitierten Studien konnte unter anderem gezeigt werden, dass die positive Bewertung eines bei *Instagram* hochgeladenen Bildes in Form von möglichst vielen *Likes* zu einer erhöhten Hirnaktivität des ventralen Striatums bei der Person führte, die das Bild veröffentlicht hat. Dieser Bereich des Gehirns ist vielen Menschen vereinfacht

---

[1]http://money.cnn.com/2017/02/01/technology/facebook-earnings/index.html (Webseite besucht am 6. September 2017).

[2]https://www.heise.de/newsticker/meldung/Instagram-hat-jetzt-700-Millionen-Nutzer-3697199.html (Webseite besucht am 6. September 2017).

[3]https://dc.statista.com/statistik/daten/studie/285230/umfrage/aktive-nutzer-von-whatsapp-weltweit/ (Webseite am 6. September 2017 besucht).

© Springer Fachmedien Wiesbaden GmbH 2018
C. Montag, *Homo Digitalis*, essentials,
https://doi.org/10.1007/978-3-658-20026-8_6

als das Belohnungssystem des Gehirns bekannt.[4] Dieses Hirnareal wird aktiviert, wenn wir unterschiedlichste Quellen der Freude wahrnehmen oder erwarten. Als Beispiele können das Hören von Musik, das Erwarten eines leckeren Stücks Schokolade oder das Lob durch eine Person angeführt werden (z. B. Montag et al. 2011). Die ersten Studienergebnisse zum Thema soziale Netzwerke weisen also darauf hin, dass viele Menschen immer wieder gerne zu Facebook & Co. zurückkehren, weil sie in der Erwartung eines positiven Feedbacks sind. Menschen fragen sich: Hat jemand schon meine letzte Nachricht positiv kommentiert oder ein *Like* gesetzt? Die Bedeutung dieses belohnenden Feedback-Mechanismus bekommt weitere Unterstützung von einer Studie aus meiner Arbeitsgruppe, in der wir aufgezeichnet haben, wie lange und häufig Probanden die Facebook-App auf ihrem Smartphone über mehrere Wochen genutzt haben (Montag et al. 2017). Die Probanden verbrachten pro Tag ca. acht Minuten auf der App und öffneten diese auch in etwa acht Mal. Im Unterschied zu den eben genannten Studien wurde in unserer Arbeit aber nicht die Hirnaktivität der Probanden untersucht. Stattdessen wurde neben der Aufzeichnung der Aktivität der Facebook-App mithilfe eines strukturellen Hirn-Scans ausgemessen, wie groß oder klein die graue Substanz[5] des *Nucleus Accumbens* Volumen der Studienteilnehmer ausfiel. Der *Nucleus Accumbens* selber ist ein Teil des eben schon genannten Hirnareals mit dem Namen *ventrales Striatum*.

Auch wenn sich durch die selbst gemachten Angaben der Probanden in einem Fragebogen und der genannten *Facebook*-Nutzerzahlen ergab, dass die Probanden gesund und nicht süchtig nach *Facebook* waren, deuten unsere Ergebnisse darauf hin, dass die *Facebook*-Nutzung ähnlichen „Spielregeln" wie das Konsumieren anderer Drogen unterliegt. Es zeigte sich in unserer Studie, dass Probanden, die mehr Zeit auf *Facebook* verbrachten, geringere Volumen des Nucleus Accumbens aufzeigten. Ähnliche Zusammenhänge zwischen Hirnvolumen des Nucleus Accumbens und beispielsweise übermäßigem Konsum von Alkohol oder Zigaretten wurde in der Literatur schon häufiger berichtet (Das et al. 2012; Makris et al. 2008). Diese Ergebnisse sollen die (Über-)Nutzung von *Facebook* & Co. aber nicht dramatisieren, sondern lediglich erklären, dass die Nutzung der sozialen Netzwerke für viele Nutzer zumindest kurzfristig eine belohnende Wirkung hat (siehe auch die Arbeit von Turel et al. 2014). Das motiviert sie immer wieder auf die Plattform zurückzukehren (siehe auch Kap. 3 und das Konzept der intermittierenden Verstärkung). Zusätzlich

---

[4]Tatsächlich hat diese Hirnregion deutlich mehr Funktionen und manche Wissenschaftler sehen eine bessere Kennzeichnung dieses Hirnareals durch den Begriff SEEKING System. Eine Aktivierung des SEEKING Systems erzeugt Enthusiasmus und fördert *Go get it* Verhaltensweisen („Ich möchte das haben"- Energie!; Panksepp 2004).

[5]Der Begriff *graue Substanz* beschreibt die Ansammlung von Nervenzellkörpern, etc.

ergibt sich aus den strukturellen Hirndaten, dass Menschen, die mehr Zeit auf *Facebook* verbringen, möglicherweise eher geringere Volumen im Nucleus Accumbens aufweisen. Klar ist allerdings noch nicht, ob dies eine Folge der *Facebook*-Nutzung oder eine Art Veranlagung zur Vielnutzung der Plattform darstellt. Dies werden längsschnittliche Studien in der Zukunft herausarbeiten müssen.

Der in Abb. 6.1 dargestellte Mechanismus weist darauf hin, dass neben Dysfunktionen des Striatums auch Dysfunktionen in anderen Bereichen des Gehirns, z. B. dem präfrontalen Kortex oder der Amygdala eine Rolle bei der Entstehung und Aufrechterhaltung einer Sucht spielen. Um dies noch einmal anschaulich für die Smartphone-(Über-)Nutzung zu erläutern: Wenn wir das Smartphone in die Hand nehmen, um vielleicht gleich die *Facebook*-App zu öffnen, feuern die Nervenzellen im ventralen Striatum in freudiger Erwartung von *Likes* zu meinen kürzlich veröffentlichten

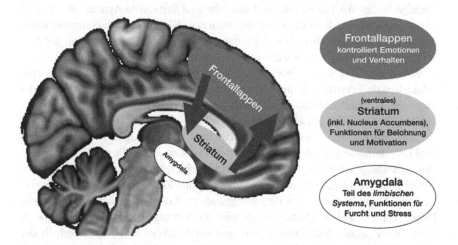

Abb. 6.1 Wenn wir auf das Smartphone oder ein soziales Netzwerk im Internet zugreifen, sind wir in Erwartung eines positiven Ereignisses (z. B. eine nette Nachricht oder ein *Like*). Dies spiegelt sich in einer Aktivität des Striatums wider. Die Hirnaktivität des Striatums energetisiert uns und lässt uns dann auf das Smartphone zugreifen. Wenn Personen süchtig nach dem Smartphone sind, zeigt sich in den Gehirnen der Nutzer eine Überaktivität des Striatums im Angesicht der Droge (z. B. liegt das Smartphone direkt vor einem auf dem Tisch) und zeitgleich eine unzureichende Top-Down-Kontrolle des Gehirns. Letzteres bedeutet, dass der Frontallappen (präfrontaler Kortex als auch der ACC), die überschüssige Aktivität des Striatums von oben nach unten im Gehirn nicht ausreichend hemmen kann. Als Ergebnis überwiegt dann das Verlangen nach dem Konsum der Droge. Aktivität in Hirnarealen wie der Amygdala kann unter anderem erzeugt werden, wenn Personen auf Entzug sind (Furcht und Stress). Die Erwartung bzw. der tatsächliche Konsum der Droge kann die Alarmanlage des Gehirns (Amygdala) für kurze Zeit stilllegen

Kommentaren (oder ich freue mich auf neue Nachrichten oder ein neues Bild einer Person, der ich auf *Instagram* folge). Dies wäre ein Beispiel für Energie, die von „unten nach oben" (also *bottom-up*) in unserem Gehirn weitergegeben wird. Damit Menschen im Alltag aber nicht willenlos ihren Emotionen ausgesetzt sind bzw. dauernd von ihnen überflutet werden, haben wir eine „kognitive Denkmütze", die diese uralten Hirnareale durch einen Energiefluss von „oben nach unten" *(top-down)* im Gehirn in Schach halten kann. Interessanterweise zeigte sich sowohl im Studium der Internetsucht (Montag und Reuter 2017), als auch durch erste bildgebende Studien an Smartphone-Süchtigen, dass diese Top-Down-Kontrolle gestört ist (Chen et al. 2016). In neuen, noch unveröffentlichten Ergebnissen aus meiner Arbeitsgruppe in China konnten wir zusätzlich nachweisen, dass höhere *WeChat*-Suchtwerte mit geringeren Hirnvolumina in Teilen des anterioren cingulären Cortex (ACC) assoziiert sind. Der ACC spielt bei der gerade benannten Top-Down-Kontrolle ebenfalls eine wichtige Rolle. *WeChat* ist eine in Asien sehr weit verbreitete App auf den Smartphones. Ähnlich wie *WhatsApp* lässt sich auch über *WeChat* einfach kommunizieren. Mit *WeChat* lässt sich aber noch vieles mehr erledigen, z. B. kann man mit der App im Laden zahlen. *WeChat* hat weltweit auch schon fast eine Milliarde Nutzer.[6]

Neben den in diesem Kapitel präsentierten Mechanismen gibt es übrigens eine relativ triviale Erklärung dafür, warum Menschen so gerne auf soziale Netzwerke zugreifen. Wir sind schlichtweg alle auch genetisch programmierte soziale Lebewesen und der Austausch mit anderen Menschen fühlt sich gut an. Dies zeigt wiederum, dass die Nutzung von *Facebook* & Co. durchaus positive Aspekte mit sich bringt, weil Urbedürfnisse von Menschen auf diesen Plattformen gestillt werden. In diesem Zusammenhang arbeiteten Ryan et al. (2014) mehrere Hauptmotive der Facebook-Nutzung aus. Dazu gehören neben Unterhaltung und Zeit vertrödeln passenderweise auch das Aufrechterhalten von Beziehungen als auch die Suche nach Zuwendung in Phasen der Einsamkeit. Problematisch wird die Nutzung von Facebook besonders dann, wenn soziale Interaktionen aufgrund der Facebook-Nutzung außerhalb der Online-Plattformen vernachlässigt werden. Auf andere Problem-Faktoren wie sozialer Vergleich (siehe auch Neid) wurde bereits zu Beginn des Buches hingewiesen. Übrigens ist es gut, sich mal eine Facebook-Auszeit zu gönnen: In einer Arbeit von Tromholt (2016) konnte gezeigt werden, dass bereits eine einwöchige Auszeit von Facebook das emotionale Wohlbefinden und die Lebenszufriedenheit erhöht. Dies galt besonders für intensive Facebook-Nutzer, genauso für solche, die besonders neidisch auf andere Nutzer sind als auch für passive Facebook-Nutzer. Passiv beschreibt, dass diese Nutzer eher andere Profile lesen, anstatt eigene Posts zu schreiben.

---

[6]https://www.statista.com/statistics/255778/number-of-active-wechat-messenger-accounts/ (Webseite am 14.09.2017 besucht).

Technologie-Nutzung in der Kindheit und in der Familie 7

Die digitale Welt hat schon seit vielen Jahren Einzug in die Wohnzimmer von Familien rund um den Globus gehalten. Vielleicht erkennen sich viele Leser darin wieder, dass zu Hause der Vater auf dem Tablet einen Artikel einer Finanzzeitung liest, Mama einen Modeblog auf dem Smartphone durchblättert, während der Nachwuchs bei *WhatsApp* im Sekundentakt Nachrichten mit Freunden austauscht. Wir alle leben zunehmend mehr in unserer eigenen digitalen Welt. Dafür bleibt leider die Kommunikation zwischen den Familienmitgliedern häufig ein wenig auf der Strecke. Neben dem Problem der Sprachlosigkeit durch zu viel Zeit am Smartphone, stellen sich aber auch weitere dringende Fragen. Was für Folgen hat eine frühe Technologie-Nutzung für die Reifung des Gehirns und damit für die Psyche von heranwachsenden Kindern? Immer wieder fragen besorgte Eltern: Wann sollen Kinder zum ersten Mal in Kontakt mit einem Smartphone kommen? Und ist die permanente Nutzung der Geräte im Kindesalter wirklich so schlimm? Auch wenn die Studienlage im Hinblick auf die Smartphone-Nutzung im Kindesalter noch recht dürftig ist, versuche ich auch aufgrund von Einsichten aus angrenzenden Wissenschaftsbereichen sinnvolle Regeln für den Umgang mit den digitalen Geräten abzuleiten.

Eine kürzlich erschienene Studie von Radesky et al. (2014) beobachtete im Alltag Familien in einem Fast-Food-Restaurant. Anhand dieser Studie lässt sich das unglückliche Zusammenspiel von digitaler Technologie-Nutzung und dysfunktionaler Kommunikation zwischen Familienmitgliedern illustrieren. Während des gemeinsamen Essens versuchten die Kinder einer exemplarischen Familie dieser Studie, relativ erfolglos die Aufmerksamkeit der Eltern zu bekommen. Besonders der Vater dieser Familie war so absorbiert von seinem Smartphone,

© Springer Fachmedien Wiesbaden GmbH 2018
C. Montag, *Homo Digitalis*, essentials,
https://doi.org/10.1007/978-3-658-20026-8_7

dass er gar nicht auf seine Kinder einging. Auf S. 847 des Artikel findet sich folgende Beschreibung:

> Dad ... sits down with 3 boys and brings out a smartphone and starts swiping. Boys are talking to each other, excited, eating, talking, seeming to goof around. The dad looks up at them intermittently when they exclaim something or raise their voices, but otherwise he looks at his phone, which he is holding in front of him. ...I can see that dad is scrolling through small text; looks like a web site, not e-mail. Again dad looks up at them when one of them exclaims something [inaudible] but then goes back to surfing web. At this point he puts the phone down from in front of his face, still holding it in hand, and points to youngest, instructing him on something. Then back to scrolling. ...Oldest boy starts singing „jingle bells, Batman smells," and the others try to join in but don't know the words. Dad not responding.

Viele von uns kennen die Situation, dass das Smartphone uns in seinen Bann zieht und wir vielleicht gerade etwas sehr Interessantes lesen. Trotzdem sollte jedem Erziehungsberechtigten klar sein, dass besonders Kinder auf Vorbilder angewiesen sind und Kinder von ihren Eltern schnell Verhaltensweisen und Beobachtetes übernehmen. In der berühmtem Bobo-Doll-Studie konnte Albert Bandura bereits in den 60er Jahren die Bedeutung des Konzeptes „Lernen am Modell" herausarbeiten (Bandura et al. 1963a, b). Kinder ahmen Erwachsene nach. Punkt. Wenn Erwachsene immer wieder vor Tablets und Smartphones sitzen, scheint dies für Kinder das normalste Verhalten der Welt zu sein. Problematisch an der oben geschilderten Szene aus dem Fast-Food-Restaurant ist vor allem, dass sich der Vater nicht nur hinter dem Smartphone verschanzt, sondern als Folge die Kommunikation zwischen dem Vater und den Kindern stark leidet. Die Kinder suchen offensichtlich die Interaktion mit dem Vater, die sich aber nicht einstellen will. In der Forschungsarbeit von Radesky et al. (2014) konnte sogar auch harsches Verhalten aufseiten der Eltern beobachtet werden, besonders dann wenn sich die Erwachsenen am Smartphone durch die Kinder in ihrer Tätigkeit unterbrochen gefühlt haben. Aus der Studie lässt sich leicht ableiten, dass Smartphones am Mittags- oder Abendtisch nichts zu suchen haben, da ein Gespräch zwischen Familienmitgliedern sich auf diese Weise nur unter erschwerten Bedingungen einstellen kann. Gleiches kann man natürlich auch ohne Probleme auf Treffen im Freundeskreis oder auf Treffen mit Kollegen übertragen. Es ist im Übrigen extrem unhöflich, die ganze Zeit auf das Smartphone zu starren, anstatt mit seinem Gegenüber zu kommunizieren. Durch das ständige Starren auf das Smartphone signalisiere ich meinem Gesprächspartner, dass mir das Gerät wichtiger ist als die Auseinandersetzung mit meinem Gegenüber. Vielleicht können wir uns auch ein wenig gegenseitig erziehen: Wer das nächste Mal in der

Kneipe auf das Smartphone schaut, bezahlt die nächste Runde an Getränken. Am Familientisch muss die Person dann den Abwasch machen.

Ein weiteres Problem der übermäßigen Nutzung von digitalen Geräten in Familien betrifft weitere Aspekte der Kommunikation und damit auch die generelle Beziehung zwischen Eltern und Kindern. Smartphones und Tablets bauen eine Mauer zwischen Eltern und Kindern auf. Diese Mauer ist besonders bedenklich, wenn es sich um jüngere Kinder handelt. Junge Menschen haben bereits sehr sensible Antennen für die Einflüsse der sie umgebenden Welt. Wenn Vater und Mutter nur auf das Smartphone (oder auch auf das Tablet/Fernsehen) schauen, werden Kinder der direkten Interaktion mit ihren Eltern „beraubt". Man spricht hier auch von *Background-Media*-Effekten. Das heißt, hier wird nicht der direkte Effekt der Smartphone-Nutzung auf das Kind untersucht, sondern der indirekte Effekt, hier in Form von weniger Interaktion zwischen Eltern und ihren Kindern (siehe auch das Beispiel im Restaurant oben). Die Mauer durch Smartphones kann meines Erachtens sehr problematisch werden, weil Kinder lernen müssen, adäquat auf unterschiedliche soziale Situationen des Alltags zu reagieren. Dazu gehört auch, dass das Kind lernen muss, richtig einzuschätzen, was der Gesichtsausdruck des Gegenübers oder der Tonfall in der Stimme bedeutet. Je mehr Zeit Eltern (und Kinder selber) auf den Medienkonsum verwenden, desto weniger Zeit ist für gemeinsames Spielen oder Vorlesen vorhanden. Damit ist auch weniger Zeit für das Training aller Sinne bei menschlichen Interaktionen vorhanden. Besonders „echtes" Spielen ist von großer Bedeutung für die Hirnreifung von Kindern. Durch zahlreiche Studien aus der Psychologie und den affektiven Neurowissenschaften ist deutlich geworden, dass Spielen in der Kindheit nicht nur die Grobmotorik verbessert, sondern vor allen Dingen auch die sozialen Kompetenzen der Kinder schult (Panksepp 2004; Pellegrini 1988; Pellegrini und Smith 1998): „These range from behaviors that faciliate social bonding and social cooperation, to those that promote social rank and leadership, as well as the ability to communicate effectively. Among the non-social functions of play are the learning and enhancement of such assets and abilities such as physical fitness, cognitive functioning, the skillful use of tools, and the ability to innovate in the face of unexpected events (Spinka et al. 2001)" (Panksepp und Biven 2012, S. 373). Mit „echtem" Spielen ist nicht die Form des Daumen-Trainings auf dem Smartphone gemeint, sondern besonders die archaische Form des *Rough and Tumble Play*. Dies äußert sich bei Jungen häufig in etwas mehr ausgeprägtem Herumtollen und Raufen (DiPietro 1981; diese Sichtweise auf mögliche Geschlechtsunterschiede wird aber nicht von allen Wissenschaftler geteilt: Scott und Panksepp 2003). Diese Form des Spielens ist zentral für eine gesunde Hirnreifung und ein führender Neurowissenschaftler geht davon aus, dass ausreichendes (körperliches) Spielen möglicherweise ADHS in der Jugend und dem Erwachsenenalter vorbeugen könnte (Panksepp 2008).[1] In einer neuen Studie konnten wir übrigens zeigen, dass Erwachsene mit einem selbstberichtetem geringeren Spieltrieb auch mehr die Interaktionen mit anderen Personen über Online-Kanäle bevorzugen (Montag et al. 2016)!

Erste Studien konnten außerdem nachweisen, dass Internetsucht mit geringerer selbstberichteter Empathie assoziiert ist (Melchers et al. 2015). Andere Arbeitsgruppen kommen zu ähnlichen Ergebnissen (Chou et al. 2016).[2] Übrigens wird in ersten noch unveröffentlichten Daten aus meiner Gruppe deutlich, dass dieser Zusammenhang möglicherweise auch für die Smartphone-Sucht zutreffend sein könnte. Bei den gerade genannten Studienergebnissen ist leider insgesamt nicht klar, ob geringere Empathie eine Folge oder eine Voraussetzung der Übernutzung von digitalen Kanälen ist. Da die Möglichkeit aber gegeben ist, dass Kinder mit weniger Möglichkeiten zu sozialer Interaktion mit ihrem direkten Umfeld (auch durch die Vielnutzung von digitalen Medien bedingt) sich zu weniger empathischen Menschen entwickeln, sollten wir die Nutzung von Smartphones und Tablets in der Kindheit dramatisch reduzieren und bei ganz jungen Kindern möglichst ganz unterbinden. Die *American Academy of Pediatrics* (AAP) geht mit ihrer Empfehlung in dieselbe Richtung, wenn es um Medienkonsum geht (damals ging es „nur" um Fernsehen schauen): „pediatricians should urge parents to avoid television viewing for children under the age of two years" (zitiert nach Brown 2011, S. 1040).[3] In diesem jungen Alter macht die Auseinandersetzung mit Smartphones für Kinder auch keinen großen Sinn, weil Kinder nach heutigem Wissen keinen Nutzen aus der Interaktion mit solchen Geräten ziehen (und mögliche negative Konsequenzen überwiegen). Brown (2011, S. 1041) formuliert zusätzlich: „There is a paucity of research on this topic, but the existing literature suggests that media use does not promote language skills in this age group." Im Gegenteil sind sogar Sprachdefizite durch TV-DVD-Medienkonsum bei unter zweijährigen Kindern nachgewiesen worden (Zimmerman et al. 2007). Auch wohlmeinenden Eltern, die Kinder schnell an Technologien heranführen wollen, damit die eigenen Kinder ja nichts verpassen, sei gesagt, dass die Geräte

---

[1]Wie bereits im vorletzten Kapitel erwähnt wurde, steht Smartphone- und Internet-Sucht mit ADHS im Zusammenhang (Kushlev et al. 2016; Oh und Ha 2014; Sariyska et al. 2015).

[2]Eine neue chinesische Arbeit weist auf die Komplexität dieser Zusammenhänge im Kontext unterschiedlicher Inhalte der digitalen Kanäle hin (Jing et al. 2017).

[3]Naturgemäß gibt es andere Meinungen und eine Übersichtsstudie legt nahe, dass es auch positive Effekte durch den frühen Medienkonsum geben könnte (z. B. auf die Fantasie der Kinder). Diese Arbeit von Thakkar et al. (2006) fokussierte allerdings auf den Inhalt der Programme und nicht auf die Dauer des Konsums.

extrem anwenderfreundlich und leicht zu bedienen sind. Wenn schon ein(e) zwei Jährige(r) auf dem Tablet erfolgreich navigiert, wird das ein(e) Zwölfjährige(r) ohne Probleme auch schnell begreifen.

Aufgrund der großen Lücke in der Literatur zum Thema ist es schwierig, eine abschließende Empfehlung zu geben, ab welchem Alter genau eine Nutzung des Smartphones oder des Tablets Sinn macht. Als Faustregel würde ich aber vorschlagen: Je jünger die Kinder sind, desto eher sollte der (möglichst komplette) Verzicht des Medienkonsums im Vordergrund stehen. Stattdessen sollten Eltern darauf achten, dass ausreichend soziale Interaktionen zwischen Eltern und ihren Kindern oder zwischen Kindern untereinander mit zahlreichen Spielgelegenheiten geschaffen werden. Auf der anderen Seite wird bei entsprechend vorhandener sozialer Interaktion zwischen Kindern und Eltern genauso wie einem ausreichend ausgelebten Spieltrieb kein Problem entstehen, wenn etwas ältere Kinder ab und an eine Folge ihre Lieblings-TV-Serie auf dem Tablet oder Fernsehen schauen. Dies sollte wie gesagt aber nur in geringen Dosierungen geschehen. Digitale Medien dürfen nicht zum Baby-/Kindersitter werden. Leider ist es mir nicht möglich „ältere Kinder" näher zu definieren, da meiner Kenntnis nach schlichtweg Studien zum Thema der Tablet- und Smartphonenutzung an dieser Stelle fehlen. Der Verlauf des Spieltriebs folgt allerdings einer umgekehrten U-Funktion. Spielen beginnt im Säuglings-/Kleinkindalter, erreicht seinen Höhepunkt in der Kindheit und nimmt über das Jugend- bis hin zum Erwachsenenalter wieder ab (Pellegrini und Smith 1998, S. 598). *Rough and Tumble Play* selber steigt über die Vorschulphase zu einem Höhepunkt im Alter von 8–10 Jahren an, bei 4–5 Jährigen wird der Höhepunkt des *Exercise-Play* erreicht, wo vor allen Dingen das Einüben körperliche Bewegungen bei den Kinder im Vordergrund steht. Dies ist nicht leicht von *Rough and Tumble Play* zu trennen und wird in der Literatur auch nicht immer gemacht (Pellegrini und Smith 1998). In jedem Fall ergibt sich durch diese Altersangaben ein besonders bedeutsames Spielfenster bis zum Lebensalter von 10 Jahren, in denen digitale Medien nicht den Vorrang haben sollten, da natürliches Spiel im Vordergrund steht.

Vielleicht ist auch hilfreich zu erfahren, wann Eltern ihrer eigenen Meinung nach, ihren Kindern das erste eigene Smartphone zugestehen. 54 % der befragten Eltern in einer Umfrage der Zeitschrift Focus (Heft Nr. 36/12) gaben an, dass dies nicht vor dem zwölften Lebensjahr geschehen sollte. 40 % sprachen sich sogar erst für das sechzehnte Lebensjahr aus. Wissenschaftler werden hoffentlich bald zu fundierten Empfehlungen kommen.

Zu guter Letzt ist ein großes Problem für viele Familien, dass Jugendliche ohne Smartphone oder gar mit einem Verbot ein solches Gerät zu nutzen, oftmals alleine in ihrem Freundeskreis dastehen. Hier greifen klassische Ingroup-/

Outgroup-Phänomene aus der Sozialpsychologie. Jugendliche, die nicht in der *WhatsApp*-Freundesgruppe drin sind, stehen schnell außen vor. Vor dem Hintergrund der Bedeutung des Spieltriebs scheint mir eine der wenigen Lösungen zu sein, für das eigene Kind/später Jugendliche und dem Freundeskreis möglichst viele gemeinsame Spiel-/Erlebnismöglichkeiten zu schaffen, an denen alle gemeinsam nicht auf den Geräten sind. Kinder sind im Vergleich zu Erwachsenen schlechter in der Lage, Versuchungen unterschiedlicher Art zu widerstehen. Mit zunehmender Reifung des Frontallappens bis ins Erwachsenenalter funktioniert dies dann zunehmend besser. Kinder und Jugendliche benötigen also Unterstützung durch ihre Eltern. Und die Lage ist nicht aussichtslos: In dem berühmten Marshmallow-Experiment von Walter Mischel konnte gezeigt werden, dass Kinder sehr wohl über Willensstärke verfügen, wenn denn die Strategie stimmt. In dem Experiment gelang es den Kindern im Alter von drei bis fünf Jahren eine vor ihnen vorliegende Süßigkeit nicht direkt aufzuessen, wenn es sich a) lohnte auf eine größere Belohnung zu warten (es gab dann zwei Süßigkeiten nach einiger Wartezeit) und b) sie sich mit Gedanken an etwas Schönes/Lustiges ablenkten (Mischel et al. 1972). Durch dieses Experiment zeigt sich, dass das Konkurrenzprogramm zu Smartphone & Co. schlichtweg attraktiver sein muss, um Kinder von dem Zuviel an Digital wegzubringen. Mir ist natürlich klar, dass dies einen Schulterschluss mit anderen Eltern bedarf und im Alltag nicht leicht umzusetzen ist.

   Als abschließende Anekdote sei erwähnt, dass der Erfinder der iPhones und iPads – Steve Jobs – seinen eigenen Kindern den Umgang mit diesen Geräten verboten hat.[4] Er ahnte wohl schon früh warum.[5]

---

[4]http://www.independent.co.uk/life-style/gadgets-and-tech/news/steve-jobs-apple-ipad-children-technology-birthday-a6893216.html (Webseite besucht am 8. September 2017).

[5]Aufgrund der Kürze kann hier nicht auf weitere Gründe eingegangen werden, warum es gut wäre, den Medienkonsum im Kindesalter deutlich zu reduzieren. In jedem Fall tun Eltern gut daran, bei Beginn des kindlichen Medienkonsums mit dem eigenen Nachwuchs über Inhalte auf den Smartphones und Tablets zu reden und sich immer wieder auszutauschen. Im Internet gibt es so viele verstörende Inhalte zu finden, die selbst Erwachsene aus der Bahn werfen können. Was haben dann solche Inhalte erst für einen Einfluss auf die Psyche der Kinder? Außerdem ist ein zunehmend großes Thema Cyber-Bullying von Kindern. Hierunter versteht man, dass sich Kinder gegenseitig über Online-Kanäle hänseln und bloßstellen.

Smartphone und E-Mails bei der Arbeit 8

Das Festnetztelefon klingelt andauernd. Parallel brummt kurz das Smartphone, es scheint gerade wieder eine Nachricht über *WhatsApp* eingegangen zu sein. Ich schaue für einen kurzen Moment aus dem Büro. Es ist kalt draußen und es schneit. Dicke Flocken fallen vom Himmel. Ich blicke vom Fenster zurück auf den Computerbildschirm auf dem der Cursor auf einem geöffneten Word-Dokument blinkt. Was wollte ich gerade noch mal machen? Geschrieben habe ich noch nichts, weil ich zu oft unterbrochen werde. Im Minutentakt summt und klingelt es in allen Ecken meines Büros. Als ich meine Aufmerksamkeit auf den Computerbildschirm richte, flackern in der Bildschirmecke oben rechts in kurzen Zeitintervallen zwei Anzeigen nacheinander auf. Sie weisen mich darauf hin, dass zwei E-Mails in meinem Postfach eingegangen sind. Ich erahne von den Informations-Schnipseln der beiden digitalen Anzeigen, dass die Druckfahnen eines neuen Artikels auf die Durchsicht warten und binnen 48 h zurückgeschickt werden müssen. Eine zweite E-Mail stammt von einem Kollegen. Er bittet um Rückruf für ein Kooperationsgespräch. Er kommt gerade telefonisch nicht bei mir durch. Kein Wunder. Nachdem für zehn Sekunden Stille eingekehrt ist, klingelt das Telefon wieder. Es ist gerade eine neue Studie von mir veröffentlicht worden, die einige Journalisten für interessant erachten. Es ist viel los. Heute wird es mit dem Verfassen einer neuen Forschungsarbeit wohl nicht mehr klappen. Ich schließe das Word-Dokument und nehme den Hörer in die Hand.

Auch wenn es häufig recht hektisch in meinem Büro ist, kommt es zum Glück eher selten zu der gerade geschilderten Nachrichtenflut. Die dargestellte Situation in meinem Büro ist trotzdem real. Wie gehe ich in solchen Situationen mit den Informationsfluten um? Zunächst sortiere ich die diversen anstehenden Vorgänge nach ihrer Priorität. Ich frage mich: Was ist heute besonders wichtig? Und gibt es Dinge, die noch ein wenig länger warten können? An dem gerade geschilderten

© Springer Fachmedien Wiesbaden GmbH 2018
C. Montag, *Homo Digitalis,* essentials,
https://doi.org/10.1007/978-3-658-20026-8_8

Arbeitstag hatte ich eigentlich den Plan gefasst, ein Manuskript fertigzustellen. Dieses Manuskript wollte ich dann endlich bei einer Fachzeitschrift einreichen. Aufgrund der hektischen Ereignisse an diesem Morgen musste ich dann aber meinen Tag an die kurzfristigen Anforderungen anpassen. Mit den vielen Medienanfragen hatte ich nicht gerechnet. Die Voraussetzungen für das Verfassen eines Manuskriptes mit neuen Forschungsergebnissen waren für diesen Tag nicht mehr gegeben, weil ich dafür Ruhe und vertiefte Konzentration benötige. Stattdessen telefonierte ich den ganzen Morgen mit Journalisten, beantwortete E-Mails und empfing am Nachmittag ein TV-Team, um ein Interview zu geben.

Neben der Strukturierung der Vorgänge auf dem Schreibtisch nach Aspekten der Dringlichkeit gibt es weitere Orientierungshilfen für den Umgang mit vielen gleichzeitig hereinkommenden Aufgaben und vor allen Dingen auch für den Umgang mit den vielen digitalen Unterbrechungen. Eine der wichtigsten Orientierungshilfen stellt dabei meines Erachtens das *Flow*-Konzept des berühmten Psychologen Mihály Csíkszentmihályi (2008) dar. Flow beschreibt einen produktiven psychischen Zustand, in dem Sie sich gut fühlen und um sich herum bei der Durchführung einer (Arbeits-)Tätigkeit Raum und Zeit vergessen. Eine wichtige Voraussetzung für das Erreichen dieses positiven psychischen Zustandes ist eine vertiefte Konzentration/Aufmerksamkeit auf die vor Ihnen liegende Tätigkeit. Ohne eine solche fokussierte Aufmerksamkeit würde die von Ihnen anvisierte Aufgabe nicht erfolgreich bearbeitet werden können. Als eine weitere Voraussetzung für das Entstehen des Flow-Zustandes ist die optimale Passung zwischen den eigenen Fähigkeiten und dem Schwierigkeitsgrad einer zu bearbeitenden Aufgabe zu nennen.[1]

Stellen wir uns kurz vor, dass Sie einen neuen Job antreten. Am Anfang ist naturgemäß noch alles neu. Die meisten Tätigkeiten gehen Ihnen noch nicht einfach von der Hand. Nach ein paar Wochen gelingt es Ihnen dann zunehmend besser, den neuen Arbeitsplatz in Gänze zu bewältigen. Dadurch erhöht sich übrigens auch die Wahrscheinlichkeit, den Flow-Zustand bei der Arbeit zu erreichen.

Wie Abb. 8.1 zeigt, definiert sich der Flow-Kanal aus einer möglichst hohen Übereinstimmung zwischen der Schwierigkeit einer Aufgabe und der eigenen Fähigkeit diese bestimmte Aufgabe zu lösen. Ist die Aufgabe relativ einfach, sind im Vergleich zu schwierigeren Aufgaben geringere Fähigkeiten ausreichend, um in den Flow zu kommen. Liegt eine solche Übereinstimmung vor, können Sie durch konzentriertes Lenken der Aufmerksamkeit in den Flow-Kanal absteigen.

---

[1]Weitere Voraussetzungen für das Entstehen des Flow-Zustandes werden in Keller und Landhäußer (2012) diskutiert.

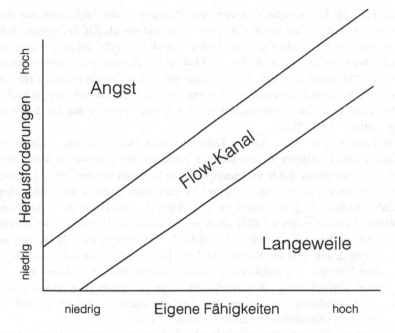

Abb. 8.1 Das Flow-Modell nach Csíkszentmihályi. (2008, in Anlehnung an S. 74)

Ich selber kenne diese Momente vom Schreiben eines Buches oder eines Artikels. Während des Flow-Zustands verschwindet alles um mich herum im Hintergrund und ich tauche komplett in die Tätigkeit des Schreibens ab. Ähnliche Momente kenne ich auch vom Zusammenspiel mit meiner ehemaligen Band. Wenn wir Stücke wieder und wieder proben mussten, stellte sich nach ein wenig Üben der Flow ein. Dann spielten meine Hände scheinbar wie von selber auf der Gitarre. Das Zusammenspiel mit den anderen Musikern funktionierte blind. Andere Menschen empfinden einen Flow-Zustand beim Bergsteigen, andere beim Computerspielen und andere beim angeregten Gespräch mit einer Person. Flow kann sich also in vielen Situationen einstellen. Da Menschen aber viel Lebenszeit bei der Arbeit verbringen, sollten wir darauf achten, besonders viele Flow-Momente am Arbeitsplatz zu erleben. Diese Erlebnisse sind durch positive Emotionen gekennzeichnet und üblicherweise bekommen wir während des Flow-Zustands sehr viel geschafft.

Leider sind die digitalen Technologien sehr häufig Flow-Killer. Natürlich können wir auch von der Interaktion mit dem Smartphone so absorbiert werden, dass wir alles um uns herum vergessen (und vielleicht den Bus verpassen, siehe Kap. 3). Damit stellt sich der Flow-Zustand in der Interaktion mit dem Smartphone ein![2] Wenn wir uns aber auf etwas anderes als das Smartphone konzentrieren müssen, lenken uns die vielen digitalen Kanäle mit den unzähligen Nachrichten immer wieder ab. Da für Flow große Konzentration notwendig ist, stellt die Fragmentierung des Alltags durch die vielen Unterbrechungen ein großes Problem dar und kann sich sogar in verringerter Produktivität niederschlagen. Schon ultrakurze Unterbrechungen von 2.8 Sekunden bringen uns aus dem Konzept (Altman et al. 2014).

In einer neuen Studie meiner Kollegin Éilish Duke und mir konnten wir zunächst einen robusten Zusammenhang zwischen einer selbstberichteten Tendenz zur Smartphone-Sucht und geringerer Produktivität bei der Arbeit nachweisen. Um diesen Zusammenhang besser zu verstehen, konnten wir eine weitere Variable berücksichtigen, nämlich die verlorenen Stunden durch die Smartphone-Nutzung. Letztere gehen natürlich auch auf die ständigen Unterbrechungen durch das Gerät zurück. So konnten wir statistisch nachweisen, dass Tendenzen zur Smartphone-Sucht über die Variable *tägliche Unterbrechungen durch das Gerät/ verlorene Stunden* zu Produktivitätseinbußen führte. Produktivitätseinbußen zu messen ist sehr schwierig, da Produktivität in jedem Beruf etwas andere bedeuten kann. Wir haben uns in unserer Studie auf ein etabliertes Fragebogenmaß zur Messung von Produktivität verlassen (siehe Abb. 8.2).

Unsere Studie sagt übrigens nicht, dass Smartphones generell unproduktiv machen. Es kommt schlichtweg auf den Kontext an. Wenn ich unterwegs bin und eine dringliche E-Mail sofort beantworten kann, wird diese Technologie meine Produktivität erhöhen. Um die unterschiedlichen Folgen der Smartphone-Nutzung für unsere Produktivität zu erforschen, habe ich vor wenigen Jahren ein simples Modell aufgestellt, welches den positiven und negativen Seiten der Smartphone-Nutzung Rechnung trägt. Wie in Abb. 8.3 zu sehen ist, handelt es sich bei dem Zusammenhang zwischen Smartphone-Nutzung und Produktivität um eine umgekehrte U-Funktion. Nutzen wir die Geräte *smart,* machen diese uns produktiver. Es gibt aber einen Scheitelpunkt, der zu unproduktiverem Verhalten führt. Dieser wird meines Erachtens durch die vielen Unterbrechungen definiert. Wenn wir uns also wirklich am Arbeitsplatz auf eine Sache konzentrieren

---

[2]Tatsächlich empfinden viele Menschen einen Flow-Zustand bei der Nutzung ihrer Smartphones, was sich in Zeitverzerrungen auf den Geräten widerspiegelt. Viele Nutzer wissen schlichtweg nicht, wie viel Zeit sie auf ihren Geräten verbringen (Lin et al. 2015; Montag et al. 2015a).

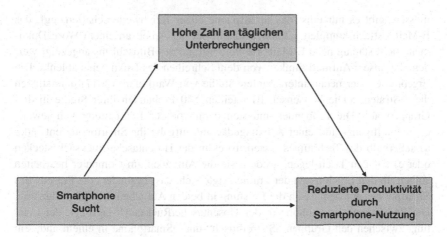

Abb. 8.2 Smartphone-Sucht führt besonders über die hohe Zahl an täglichen Unterbrechungen zu reduzierter Produktivität. (Adaptiert aus Duke und Montag 2017b)

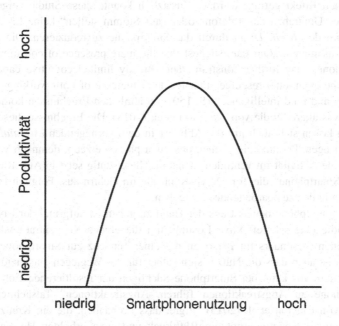

Abb. 8.3 Der Zusammenhang zwischen Produktivität und Smartphone-Nutzung gleicht möglicherweise einer umgekehrten U-Funktion. (Siehe auch Montag 2015; Montag und Walla 2016)

müssen, gibt es nur eins: das Smartphone außer Reichweite schaffen, ggf. das E-Mailpostfach komplett schließen, damit bei der Arbeit an einem Word-Dokument nicht ständig neue E-Mails im Vordergrund des Bildschirms angezeigt werden, die unsere Aufmerksamkeit von dem Schreiben des Dokuments ablenkt. Die Ergebnisse einer neuen interessanten Studie von Ward et al. (2017) unterstützen diese Strategie: Die Wissenschaftler teilten 520 Probanden ihrer Studie in drei Gruppen auf. Die Probanden mussten dann vor der Bearbeitung von jeweils einer Intelligenz- und einer Arbeitsgedächtnisaufgabe ihr Smartphone entweder a) außerhalb des Testraumes lassen, b) es in die Hosentasche/Rucksack stecken oder c) auf den Tisch legen, an dem sie die Aufgaben am Computer bearbeiten sollten. In den Ergebnissen der Studie zeigte sich, dass besonders die Präsenz des Smartphones auf dem Tisch die Leistung in beiden Aufgaben deutlich reduzierte. Die Bedingung „Smartphone in der Hosentasche/Rucksack" lag bzgl. der Leistung zwischen den Gruppen „Schreibtisch" und „Smartphone in einem anderem Raum". Die Probanden waren sich der schlechteren Leistung im Angesicht des Smartphones auf dem Tisch übrigens nicht bewusst, als sie nach einem solchen möglichen Effekt gefragt wurden. Zusätzlich konnte diese Studie zeigen, dass einfaches Umdrehen des Telefons oder „auf Stumm stellen" keine Lösung darstellt, um den *Brain Drain* durch das Smartphone zu reduzieren. Die Autoren fassen zusammen: „Our data suggest that the mere presence of consumers' own smartphones may further constrain their already limited cognitive capacity by taxing the attentional resources that reside at the core of both working memory capacity and fluid intelligence" (S. 150). Zu ähnlichen Ergebnissen kommt auch eine etwas ältere Studie von Thornton et al. (2014). Die Ergebnisse dieser neuen Studien lassen sich auch mit der Abb. 6.1 in dem vorliegenden *essential* in Einklang bringen. Das alleinige Sehen des Smartphones erzeugt demnach Verlangen durch eine Aktivität im ventralen Striatum. Gleichzeitig setzt in Anbetracht „der Droge Smartphone" die Top-Down-Kontrolle im Gehirn aus. Folglich leidet die Leistung in den zu bearbeitenden Aufgaben.

Das Smartphone bewusst aus der Hand zu geben ist aufgrund der Ergebnisse der Studie eine sehr effektive Lösung, um die eigene Konzentrationsfähigkeit zu erhöhen (besonders für Personen mit einer Tendenz zur Smartphone-Sucht). Wichtig ist aber, dass die Nutzer sich selber für das Weglegen entscheiden müssen. Andernfalls kann bei Smartphone-Süchtigen der resultierende Entzug vom Smartphone zu Angstreaktionen führen. Angstreaktionen? Tatsächlich. Eine Studie von Clayton et al. (2015) zeigte, dass Probanden, die ein Kreuzworträtsel beantworteten, mit erhöhtem Blutdruck und einer erhöhten Herzschlagrate reagierten, wenn sie nicht an das klingelnde Telefon gehen durften. Zusätzlich berichteten die Probanden in dieser Situation auch von Angstgefühlen! Siehe auch eine Studie von Cheever et al. (2014) mit ähnlichen Ergebnissen.

Ein weiteres Problem unseres Arbeitsalltags betrifft den Umgang mit unzähligen E-Mails. Wie gehen wir bloß am besten mit den vielen Nachrichten jeden Tag um? Auch hier gibt es einen ersten Anhaltspunkt für das „richtige" Verhalten aufgrund von interessanten Studienergebnissen. Kushlev und Dunn (2015) gaben ihren Studien-Teilnehmern sowohl für *Woche 1* als auch für *Woche 2* der Studiendauer jeweils eine andere Instruktion: „In the unlimited email condition, we instructed participants to check their email as often as they could, and to keep their mailbox open throughout the day; additionally, participants were asked to switch on any email notification systems that they used. By contrast, in the limited email condition, we instructed participants to check their email 3 times per day, while keeping their mailbox closed during the rest of the day and switching off any new email alerts" (S. 222). Teilnehmer berichteten in der „unlimited e-mail condition" deutlich mehr Stress und weniger Wohlbefinden als wenn sie dreimal pro Tag konzentriert die E-Mails abarbeiteten. Dies hat wichtige Implikationen für den Umgang mit E-Mails und anderen Nachrichten im Arbeitsleben. Eine feste Tagesstruktur mit klaren Regeln zum Lesen und Beantworten von E-Mails reduziert den wahrgenommenen Stress und erhöht unser Wohlbefinden. Wie wichtig eine feste Tagesstruktur ist, äußert sich auch in unseren Studienergebnissen, in denen wir die Bedeutung von Armbanduhren und Weckern herausgearbeitet haben (Montag et al. 2015c). Menschen ohne Armbanduhr nutzen ihr Smartphone häufig als Uhrenersatz. Wenn sie selber zu dem Smartphone greifen, um die Uhrzeit zu erfahren, sehen sie womöglich eine Nachricht, auf die sie dann umgehend antworten. Nachdem sie das Smartphone in die Tasche gesteckt haben, wissen sie die Uhrzeit aber häufig immer noch nicht. Das Tragen einer normalen Armbanduhr (keine iWatch oder Ähnliches) reduziert also auch den Smartphone-Konsum. Gleiches gilt für das Nutzen eines echten Weckers. In unserer Studie gaben knapp 40 % der Smartphone-Nutzer an, das Telefon in den letzten fünf und in den ersten fünf Minuten am Morgen in der Hand zu halten. Häufig bleibt es natürlich nicht dabei, einfach den Wecker zu stellen oder morgens den Wecker am Smartphone auszumachen. Abends vor dem Zubettgehen verlängern sich die Zeiten auf dem Smartphone entsprechend (noch mal schnell was Nachschauen …) und ggfs. kommt gerade noch eine stressige E-Mail rein, die einen nicht schlafen lässt oder dem Smartphone-Nutzer sofort den Morgen vermiest. Das Schlafzimmer sollte eine digitale Freizone bleiben, da ansonsten auch Schlafstörungen und erhöhter Stress die Folge durch den Einzug des Smartphones im Schlafzimmer sein können (Lemola et al. 2015). Zum guten Schluss empfehle ich auch bei Bus- und Bahnfahrten das Smartphone ab und an ruhen zu lassen. Einige Studien haben mittlerweile nachweisen können, dass das einfache Gedankenschweifen *(Mind-Wandering)* zu kreativen Momenten führen kann (z. B. Baird et al. 2012).[3] Ich selber kann das bestätigen. Bei meinen Laufeinheiten am Rhein oder an der Donau komme ich ohne große Anstrengungen häufig auf gute Ideen oder auch auf Lösungen für Probleme. Gönnen Sie sich also ab und an den Blick aus dem Fenster.

---

[3]Wie alles im Leben soll man auch das *Mind-Wandering* nicht übertreiben, da unser Gehirn nach einer Zeit ins Grübeln gerät und negative Emotionen aufkommen können (Killingsworth und Gilbert 2010).

Nachtrag 9

Es ist tropisch warm an diesem Abend. In der Dunkelheit höre ich einige Tiere aktiv werden. Die Zikaden sind sehr laut als ich in das Gehege eintrete. Es raschelt im Busch. Vor mir sehe ich kurz das fleckige Muster eines Leoparden an mir vorbeiziehen. Von überall hört man Geräusche. Es ist aufregend, die Tierwelt in der Dunkelheit zu erspähen. Ein wenig Nervenkitzel stellt sich auch ein, da an den meisten Stellen des Zoos durch eine ausgeklügelte Architektur die Barrieren zu den Raubtieren tatsächlich nicht sichtbar sind.

Als ich das Gehege mit den Leoparden verlasse, um die Fledermäuse in der Nähe des kleinen Mangroven-Walds zu beobachten, kommt mir ein vielleicht fünfjähriges Mädchen auf dem Weg entgegen. Der Weg wird in Abständen von wenigen Metern von kleinen Laternen fahl beleuchtet. Das Mädchen geht in kleinen Schritten und schaut dabei gebannt auf ein kleines leuchtendes Gerät in ihrer Hand. Das Smartphone wirft ein gespenstisches Licht auf das Gesicht des Mädchens, welches von ihren schwarzen Haaren umrahmt wird. Das Mädchen nimmt nichts um sich herum wahr. Nicht die Nacht mit ihren Gerüchen und Geräuschen. Die Tiere sowieso nicht. Sie ist im Nachtzoo von Singapur und doch nicht da.

© Springer Fachmedien Wiesbaden GmbH 2018
C. Montag, *Homo Digitalis*, essentials,
https://doi.org/10.1007/978-3-658-20026-8_9

Appendix: Schnelltest Smartphone-Sucht

Im folgenden Appendix finden Sie einen Schnelltest, um die eigene Tendenz zur Smartphone-Sucht zu messen. Dazu gibt es nun ein paar nähere Ausführungen.

Zur Instruktion und Auswertung des Fragebogens
Beantworten Sie bei Interesse einfach alle zehn Items ohne lange nachzudenken. Dann addieren Sie bitte die angekreuzten Punkte (je Item nur ein Kreuz). Die Punkte können Werte zwichen 10 und 60 erreichen. Ein höherer Wert bedeutet eine höhere Tendenz zur Smartphone-Sucht. Der Test befindet sich in Tab. 10.1.

Ich weise drauf hin, dass Smartphone-Sucht noch keine anerkannte Diagnose darstellt. Zusätzlich ist aus wissenschaftlicher Sicht noch unklar, ob es sich bei diesem neuen Phänomen tatsächlich um ein gesundheitsrelevantes Verhalten handelt. Weiterhin gibt es noch keinen anerkannten Wert in dem unten dargestellten Fragebogen, ab dem man von einer problematischen Nutzung sprechen könnte. Damit Sie die eigenen Ergebnisse aber besser einsortieren können, finden Sie unter dem Fragebogen Referenzwerte aus einer in Ulm gezogenen Stichprobe (siehe Tab. 10.2). Berücksichtigt werden muss allerdings, dass es sich bei diesen Daten nicht um eine repräsentative Stichprobe handelt und bei älteren Teilnehmern naturgemäß möglicherweise geringere Werte zu beobachten sein werden (die Stichprobe ist eher jung). Des Weiteren sind Referenzstichproben abhängig vom erhobenen Zeitpunkt. Vielleicht zeigt sich schon in wenigen Jahren eine andere Verteilung der Daten als in Abb. 10.1. Der Kulturkreis spielt ebenfalls eine Rolle (siehe beispielsweise die aktuell noch höheren Prävalenzen der Smartphone-Sucht in Asien). Die Einordnung Ihrer Daten im Vergleich zu der Stichprobe aus Ulm dient also nur der persönlichen Illustration Ihrer Ergebnisse und ist in keinem Fall als klinisches Ergebnis zu werten.

© Springer Fachmedien Wiesbaden GmbH 2018
C. Montag, *Homo Digitalis*, essentials,
https://doi.org/10.1007/978-3-658-20026-8_10

Tab. 10.1 Bitte kreuzen Sie entsprechend bei jedem Item 1 bis 10 eine der Antwortoptionen von 1 bis 6 an. „1" steht für „Ich stimme überhaupt nicht zu" bis „6" für „Ich stimme stark zu."

1. Ich verpasse es, geplante Aufgaben aufgrund meiner Smartphone-Nutzung zu erledigen	1	2	3	4	5	6
2. Es fällt mir schwer, mich aufgrund meiner Smartphone-Nutzung in der Schule, Studium oder während der Arbeit zu konzentrieren	1	2	3	4	5	6
3. Ich empfinde Schmerzen in Handgelenk oder Nacken während der Nutzung des Smartphones	1	2	3	4	5	6
4. Für mich wäre es nicht auszuhalten, kein Smartphone zu besitzen	1	2	3	4	5	6
5. Ich fühle mich ungeduldig und unruhig, wenn ich mein Smartphone nicht bei mir habe	1	2	3	4	5	6
6. Ich denke sogar dann an mein Smartphone, wenn ich es nicht nutze	1	2	3	4	5	6
7. Ich werde niemals aufhören mein Smartphone zu nutzen, selbst dann nicht, wenn mein Alltag bereits äußerst stark davon beeinflusst ist	1	2	3	4	5	6
8. Ich überprüfe mein Smartphone andauernd, um keine Konversation zwischen anderen Menschen auf Kanälen wie Facebook, *WhatsApp* oder Twitter zu verpassen	1	2	3	4	5	6
9. Ich nutze mein Smartphone länger als beabsichtigt	1	2	3	4	5	6
10. Die Menschen um mich herum sagen mir, dass ich mein Smartphone zu stark nutze	1	2	3	4	5	6

Statistische Beschreibung der Ergebnisse der studentischen Stichprobe aus Ulm

Die insgesamt 969 Teilnehmer bestanden aus 291 Männern und 678 Frauen (Alter = 23,63 mit einer Standardabweichung von 6,69). Die interne Konsistenz der d-KV-SSS ist mit einem alpha = 0,86 sehr zufriedenstellend (für Psychologen eine wichtige Kennziffer). Damit stellt der Fragebogen ein reliables, also zuverlässiges, Maß zur Messung der problematischen Smartphone-Nutzung dar. Die Verteilung der d-KV-SSS Werte ist deutlich linksgipflig in der vorliegenden Stichprobe, d. h. viele Nutzer haben eher niedrigere Werte. Aufgrund der Antwort-Skalierung von 1 = „starke Ablehnung" bis 6 = „starke Zustimmung" (siehe genauen Wortlaut oben) bei insgesamt 10 Fragen kann ein Wert zwischen 10 und 60 Punkten erreicht werden. Der Mittelwert der Stichprobe liegt bei 20,74 mit einer Standardabweichung von 8,17. Der Median liegt bei 20 und ist damit in der Nähe des Mittelwertes verortet. In der vorliegenden Stichprobe unterscheiden sich Frauen und Männer nicht statistisch bedeutsam in den Werten der d-KV-SSS (Frauen: M = 20,96; SD = 8,18 vs. Männer: M = 20,24; SD = 8,13). Je älter

Tab. 10.2 Punkteverteilungen der deutschen Kurzversion der Smartphone-Sucht-Skala (d-KV-SSS) und deren Interpretation. Ein Beispiel: Eine Person hat 14 Punkte. Dies bedeutet, dass insgesamt 58 Personen aus der Gesamtstichprobe einen Wert von 14 Punkten haben, was 6 % der Gesamtstichprobe ausmacht. Die kumulierten Prozent besagen in diesem Fall, dass 26,7 % der Stichprobe einen gleich hohen oder niedrigeren Wert besitzen (≤14). Zeitgleich haben 73,3 % der Stichprobe einen höheren Wert als 14 Punkte

Punkte	Häufigkeit	Prozent	Kumulierte Prozente
10	86	8,9	8,9
11	41	4,2	13,1
12	37	3,8	16,9
13	37	3,8	20,7
14	58	6	26,7
15	35	3,6	30,3
16	44	4,5	34,9
17	42	4,3	39,2
18	36	3,7	42,9
19	51	5,3	48,2
20	58	6	54,2
21	57	5,9	60,1
22	49	5,1	65,1
23	30	3,1	68,2
24	34	3,5	71,7
25	24	2,5	74,2
26	34	3,5	77,7
27	29	3	80,7
28	34	3,5	84,2
29	14	1,4	85,7
30	21	2,2	87,8
31	17	1,8	89,6
32	20	2,1	91,6
33	7	0,7	92,4
34	14	1,4	93,8
35	6	0,6	94,4
36	8	0,8	95,3
37	6	0,6	95,9
38	5	0,5	96,4
39	10	1	97,4

(Fortsetzung)

Tab. 10.2 (Fortsetzung)

Punkte	Häufigkeit	Prozent	Kumulierte Prozente
40	5	0,5	97,9
41	4	0,4	98,3
42	1	0,1	98,5
43	2	0,2	98,7
44	1	0,1	98,8
46	3	0,3	99,1
47	1	0,1	99,2
48	5	0,5	99,7
52	1	0,1	99,8
53	1	0,1	99,9
54	1	0,1	100

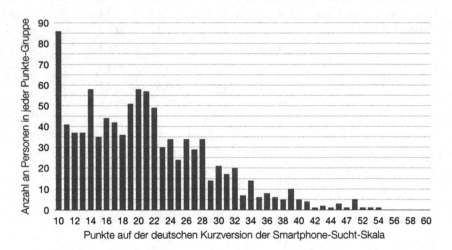

Abb. 10.1 Es wird die Verteilung von Punkten auf der d-KV-SSS in einer deutschen Stichprobe aus Ulm gezeigt. Je höher die Punkte auf dem Fragebogen ausfallen, desto weniger Personen finden sich in der jeweiligen Gruppe

die Teilnehmer der Studie waren, desto geringer fielen allerdings die Werte der
d-KV-SSS aus (rho = −0,24, p < 0,001). Die deutsche Kurzversion der Smartphone-Sucht-Skala (d-KV-SSS) wurde aus der englischsprachigen Publikation
von Kwon et al. (2013) entnommen und vom Autor des vorliegenden Buches aus
der englischen in die deutsche Sprache übersetzt und dann leicht modifiziert (die
englischsprachige Original-Version nutzt keine vollen Sätze als Items). Zur Über-
prüfung der Richtigkeit der Übersetzung hat auch eine Rückübersetzung aus der
deutschen in die englische Sprache von einer zweiten Person stattgefunden. Sie
können die deutsche Variante für Ihre eigenen Arbeiten und Zwecke nutzen, in
dem Sie dieses Buch zitieren. Eine erste wissenschaftliche Publikation unter Verwendung der d-KV-SSS findet sich in Duke und Montag (2017b).

Was Sie aus diesem *essential* mitnehmen können

- Die vorhandene Studienlage zum Thema Smartphone-Nutzung zeigt, dass exzessive Nutzung der Geräte suchtähnliche Züge annehmen kann.
- Die Nutzung von Technologien wie Smartphones oder Plattformen wie soziale Netzwerke im Internet sind nicht per se problematisch. Für eine entsprechende Einschätzung müssen viele Variablen berücksichtigt werden, von denen einige in dem vorliegenden Buch präsentiert werden.
- Ohne Zweifel ist ein Zuviel an Digital in der Literatur mit negativer Emotionalität, Stress und weniger Wohlbefinden assoziiert.

© Springer Fachmedien Wiesbaden GmbH 2018
C. Montag, *Homo Digitalis,* essentials,
https://doi.org/10.1007/978-3-658-20026-8

Literatur

Altmann, E. M., Trafton, J. G., & Hambrick, D. Z. (2014). Momentary interruptions can derail the train of thought. *Journal of Experimental Psychology: General, 143*(1), 215–226.

Andone, I., Błaszkiewicz, K., Eibes, M., Trendafilov, B., Montag, C., & Markowetz, A. (2016). How age and gender affect smartphone usage. In Proceedings of the 2016 ACM International Joint Conference on Pervasive and Ubiquitous Computing: Adjunct (S. 9–12), ACM (September).

Baird, B., Smallwood, J., Mrazek, M. D., Kam, J. W., Franklin, M. S., & Schooler, J. W. (2012). Inspired by distraction: Mind wandering facilitates creative incubation. *Psychological Science, 23*(10), 1117–1122.

Bandura, A., Ross, D., & Ross, S. A. (1963a). Imitation of film-mediated aggressive models. *The Journal of Abnormal and Social Psychology, 66*(1), 3–11.

Bandura, A., Ross, D., & Ross, S. A. (1963b). Vicarious reinforcement and imitative learning. *The Journal of Abnormal and Social Psychology, 67*(6), 601–607.

Barr, N., Pennycook, G., Stolz, J. A., & Fugelsang, J. A. (2015). The brain in your pocket: Evidence that smartphones are used to supplant thinking. *Computers in Human Behavior, 48*, 473–480.

Bianchi, R., Schonfeld, I. S., & Laurent, E. (2015). Burnout-depression overlap: A review. *Clinical Psychology Review, 36*, 28–41.

Bhagat, S. (2015). Is Facebook a planet of lonley individuals? A review of literature. *The International Journal of Indian Psychology, 3*, 5–9.

Billieux, J., Schimmenti, A., Khazaal, Y., Maurage, P., & Heeren, A. (2015). Are we over-pathologizing everyday life? A tenable blueprint for behavioral addiction research. *Journal of Behavioral Addictions, 4*(3), 119–123.

Brand, M., Young, K. S., Laier, C., Wölfling, K., & Potenza, M. N. (2016). Integrating psychological and neurobiological considerations regarding the development and maintenance of specific Internet-use disorders: An Interaction of Person-Affect-Cognition-Execution (I-PACE) model. *Neuroscience & Biobehavioral Reviews, 71*, 252–266.

Brevers, D., Noël, X., Bechara, A., Vanavermaete, N., Verbanck, P., & Kornreich, C. (2015). Effect of casino-related sound, red light and pairs on decision-making during the Iowa gambling task. *Journal of Gambling Studies, 31*(2), 409–421.

Brown, A. (2011). Media use by children younger than 2 years. *Pediatrics, 128*(5), 1040–1045.

© Springer Fachmedien Wiesbaden GmbH 2018
C. Montag, *Homo Digitalis*, essentials,
https://doi.org/10.1007/978-3-658-20026-8

Cheever, N. A., Rosen, L. D., Carrier, L. M., & Chavez, A. (2014). Out of sight is not out of mind: The impact of restricting wireless mobile device use on anxiety levels among low, moderate and high users. *Computers in Human Behavior, 37,* 290–297.

Chen, J., Liang, Y., Mai, C., Zhong, X., & Qu, C. (2016). General deficit in inhibitory control of excessive smartphone users: Evidence from an event-related potential study. *Frontiers in psychology, 7,* 511.

Chou, W. J., Huang, M. F., Chang, Y. P., Chen, Y. M., Hu, H. F., & Yen, C. F. (2016). Social skills deficits and their association with Internet addiction and activities in adolescents with attention-deficit/hyperactivity disorder. *Journal of Behavioral Addictions, 6*(1), 42–50.

Clayton, R. B., Leshner, G., & Almond, A. (2015). The extended iSelf: The impact of iPhone separation on cognition, emotion, and physiology. *Journal of Computer-Mediated Communication, 20*(2), 119–135.

Cloninger, C. R., Svrakic, D. M., & Przybeck, T. R. (1993). A psychobiological model of temperament and character. *Archives of General Psychiatry, 50*(12), 975–990.

Crum, J., Brown, W. L., & Bitterman, M. E. (1951). The effect of partial and delayed reinforcement on resistance to extinction. *The American Journal of Psychology, 64*(2), 228–237.

Csikszentmihalyi, M. (2008). *Flow: The psychology of optimal performance.* New York: Harper Collins.

Das, D., Cherbuin, N., Anstey, K. J., Sachdev, P. S., & Easteal, S. (2012). Lifetime cigarette smoking is associated with striatal volume measures. *Addiction Biology, 17*(4), 817–825.

DiPietro, J. A. (1981). Rough and tumble play: A function of gender. *Developmental Psychology, 17*(1), 50–58.

Draganski, B., Gaser, C., Busch, V., Schuierer, G., Bogdahn, U., & May, A. (2004). Neuroplasticity: Changes in grey matter induced by training. *Nature, 427*(6972), 311–312.

Duke, É., & Montag, C. (2017a). Smartphone addiction and beyond: Initial insights on an emerging research topic and its relationship to internet addiction. In C. Montag & M. Reuter (Hrsg.), *Internet addiction. Studies in neuroscience, psychology and behavioral economics* (S. 359–372). Cham: Springer.

Duke, É., & Montag, C. (2017b). Smartphone addiction, daily interruptions and self-reported productivity. *Addictive Behaviors Reports, 6,* 90–95.

Dunbar, R. I. (1993). Coevolution of neocortical size, group size and language in humans. *Behavioral and Brain Sciences, 16*(4), 681–694.

Elhai, J. D., Dvorak, R. D., Levine, J. C., & Hall, B. J. (2017). Problematic smartphone use: A conceptual overview and systematic review of relations with anxiety and depression psychopathology. *Journal of Affective Disorders, 207,* 251–259.

Gindrat, A. D., Chytiris, M., Balerna, M., Rouiller, E. M., & Ghosh, A. (2015). Use-dependent cortical processing from fingertips in touchscreen phone users. *Current Biology, 25*(1), 109–116.

Gonçalves, B., Perra, N., & Vespignani, A. (2011). Modeling users' activity on twitter networks: Validation of Dunbar's number. *PloS one, 6*(8), e22656.

Hadar, A., Hadas, I., Lazarovits, A., Alyagon, U., Eliraz, D., & Zangen, A. (2017). Answering the missed call: Initial exploration of cognitive and electrophysiological changes associated with smartphone use and abuse. *PLoS one, 12*(7), e0180094.

Hyde, K. L., Lerch, J., Norton, A., Forgeard, M., Winner, E., Evans, A. C., & Schlaug, G. (2009). The effects of musical training on structural brain development. *Annals of the New York Academy of Sciences, 1169*(1), 182–186.

Jing, J., Gao, C., & Niu, G. (2017). The effect of internet use on empathy. *Advances in Psychological Science, 25*(4), 652–661.

Keller, J., & Landhäußer, A. (2012). The flow model revisited. In S. Engeser (Hrsg.), *Advances in flow research* (S. 51–64). New York: Springer.

Killingsworth, M. A., & Gilbert, D. T. (2010). A wandering mind is an unhappy mind. *Science, 330*(6006), 932.

Kushlev, K., & Dunn, E. W. (2015). Checking email less frequently reduces stress. *Computers in Human Behavior, 43,* 220–228.

Kushlev, K., Proulx, J., & Dunn, E. W. (2016). Silence your phones: Smartphone notifications increase inattention and hyperactivity symptoms. In Proceedings of the 2016 CHI Conference on Human Factors in Computing Systems (S. 1011–1020), ACM (May).

Kwon, M., Kim, D. J., Cho, H., & Yang, S. (2013). The smartphone addiction scale: Development and validation of a short version for adolescents. *PloS one, 8*(12), e83558.

Lachmann, B., Duke, É., Sariyska, R. & Montag, C. (im Druck). Who's addicted to the smartphone and/or the Internet? *Psychology of Popular Media Culture.*

Lally, P., Van Jaarsveld, C. H., Potts, H. W., & Wardle, J. (2010). How are habits formed: Modelling habit formation in the real world. *European Journal of Social Psychology, 40*(6), 998–1009.

Lemola, S., Perkinson-Gloor, N., Brand, S., Dewald-Kaufmann, J. F., & Grob, A. (2015). Adolescents' electronic media use at night, sleep disturbance, and depressive symptoms in the smartphone age. *Journal of Youth and Adolescence, 44*(2), 405–418.

Lin, Y. H., Lin, Y. C., Lee, Y. H., Lin, P. H., Lin, S. H., Chang, L. R., et al. (2015). Time distortion associated with smartphone addiction: Identifying smartphone addiction via a mobile application (App). *Journal of Psychiatric Research, 65,* 139–145.

Maguire, E. A., Gadian, D. G., Johnsrude, I. S., Good, C. D., Ashburner, J., Frackowiak, R. S., et al. (2000). Navigation-related structural change in the hippocampi of taxi drivers. *Proceedings of the National Academy of Sciences, 97*(8), 4398–4403.

Makris, N., Oscar-Berman, M., Jaffin, S. K., Hodge, S. M., Kennedy, D. N., Caviness, V. S., et al. (2008). Decreased volume of the brain reward system in alcoholism. *Biological Psychiatry, 64*(3), 192–202.

Melchers, M., Li, M., Chen, Y., Zhang, W., & Montag, C. (2015). Low empathy is associated with problematic use of the Internet: Empirical evidence from China and Germany. *Asian Journal of Psychiatry, 17,* 56–60.

Melchers, M. C., Li, M., Haas, B. W., Reuter, M., Bischoff, L., & Montag, C. (2016). Similar personality patterns are associated with empathy in four different countries. *Frontiers in Psychology, 7,* 290.

Meshi, D., Morawetz, C., & Heekeren, H. R. (2013). Nucleus accumbens response to gains in reputation for the self relative to gains for others predicts social media use. *Frontiers in Human Neuroscience, 7,* 439.

Mischel, W., Ebbesen, E. B., & Raskoff Zeiss, A. (1972). Cognitive and attentional mechanisms in delay of gratification. *Journal of Personality and Social Psychology, 21*(2), 204–218.

Montag, C. (2015). Smartphone & Co.: Warum wir auch digitale Freizonen brauchen? *Wirtschaftspsychologie Aktuell, 2,* 19–22.

Montag, C. (2016). *Persönlichkeit – Auf der Suche nach unserer Individualität.* Berlin: Springer.

Montag, C. (2017). Wie viel Smartphone-Nutzung ist normal? *PiD-Psychotherapie im Dialog, 18*(1), 46–50.

Montag, C., & Panksepp, J. (2017). Primary emotional systems and personality: An evolutionary perspective. *Frontiers in Psychology, 8,* 464.

Montag, C., & Reuter, M. (Hrsg.). (2017). *Internet addiction: Neuroscientific approaches and therapeutical implications including smartphone addiction.* Cham: Springer.

Montag, C., & Walla, P. (2016). Carpe diem instead of losing your social mind: Beyond digital addiction and why we all suffer from digital overuse. *Cogent Psychology, 3*(1), 1157281.

Montag, C., Reuter, M., & Axmacher, N. (2011). How one's favorite song activates the reward circuitry of the brain: Personality matters! *Behavioural Brain Research, 225*(2), 511–514.

Montag, C., Błaszkiewicz, K., Lachmann, B., Sariyska, R., Andone, I., Trendafilov, B., ... & Markowetz, A. (2015a). Recorded behavior as a valuable resource for diagnostics in mobile phone addiction: Evidence from psychoinformatics. *Behavioral Sciences, 5*(4), 434–442.

Montag, C., Błaszkiewicz, K., Sariyska, R., Lachmann, B., Andone, I., Trendafilov, B., ... & Markowetz, A. (2015b). Smartphone usage in the 21st century: Who is active on WhatsApp? *BMC Research Notes, 8*(1), 331.

Montag, C., Kannen, C., Lachmann, B., Sariyska, R., Duke, É., Reuter, M., & Markowetz, A. (2015c). The importance of analogue zeitgebers to reduce digital addictive tendencies in the 21st century. *Addictive Behaviors Reports, 2,* 23–27.

Montag, C., Sindermann, C., Becker, B., & Panksepp, J. (2016). An affective neuroscience framework for the molecular study of Internet addiction. *Frontiers in Psychology, 7,* 1906.

Montag, C., Markowetz, A., Blaszkiewicz, K., Andone, I., Lachmann, B., Sariyska, R., ... & Weber, B. (2017). Facebook usage on smartphones and gray matter volume of the nucleus accumbens. *Behavioural Brain Research, 329,* 221–228.

Neimeyer, G. J., Taylor, J. M., Rozensky, R. H., & Cox, D. R. (2014). The diminishing durability of knowledge in professional psychology: A second look at specializations. *Professional Psychology: Research and Practice, 45*(2), 92–98.

Oh, S. H., & Ha, E. H. (2014). The effects of children's executive function impairments and ADHD symptoms on the issue of smartphone addiction. *Korean Journal of Play Therapy, 17*(1), 17–35.

Panksepp, J. (2004). *Affective neuroscience: The foundations of human and animal emotions.* Oxford: Oxford University Press.

Panksepp, J. (2008). Play, ADHD, and the construction of the social brain: Should the first class each day be recess? *American Journal of Play, 1*(1), 55–79.

Panksepp, J., & Biven, L. (2012). *The archaeology of mind: Neuroevolutionary origins of human emotions.* New York: Norton.

Pellegrini, A. D. (1988). Elementary-school children's rough-and-tumble play and social competence. *Developmental Psychology, 24*(6), 802–806.

Pellegrini, A. D., & Smith, P. K. (1998). Physical activity play: The nature and function of a neglected aspect of play. *Child development, 69*(3), 577–598.

Radesky, J. S., Kistin, C. J., Zuckerman, B., Nitzberg, K., Gross, J., Kaplan-Sanoff, M., et al. (2014). Patterns of mobile device use by caregivers and children during meals in fast food restaurants. *Pediatrics, 133*(4), e843.

Rumpf, H. J., Meyer, C., Kreuzer, A., John, U., & Merkeerk, G. J. (2011). Prävalenz der Internetabhängigkeit (PINTA). Bericht an das Bundesministerium für Gesundheit. Greifswald und Lübeck, 31(2011), 12 ff.

Ryan, T., Chester, A., Reece, J., & Xenos, S. (2014). The uses and abuses of Facebook: A review of Facebook addiction. *Journal of Behavioral Addictions, 3*(3), 133–148.

Samaha, M., & Hawi, N. S. (2016). Relationships among smartphone addiction, stress, academic performance, and satisfaction with life. *Computers in Human Behavior, 57,* 321–325.

Sariyska, R., Reuter, M., Lachmann, B., & Montag, C. (2015). Attention deficit/hyperactivity disorder is a better predictor for problematic internet use than depression: Evidence from Germany. *Journal of Addiction Research & Therapy, 6*(209), 1–6.

Scott, E., & Panksepp, J. (2003). Rough-and-tumble play in human children. *Aggressive behavior, 29*(6), 539–551.

Sherman, L. E., Greenfield, P. M., Hernandez, L. M., & Dapretto, M. (im Druck). Peer influence via Instagram: Effects on brain and behavior in adolescence and young adulthood. *Child Development.*

Sherman, L. E., Payton, A. A., Hernandez, L. M., Greenfield, P. M., & Dapretto, M. (2016). The power of the like in adolescence: Effects of peer influence on neural and behavioral responses to social media. *Psychological Science, 27*(7), 1027–1035.

Song, H., Zmyslinski-Seelig, A., Kim, J., Drent, A., Victor, A., Omori, K., et al. (2014). Does Facebook make you lonely?: A meta analysis. *Computers in Human Behavior, 36,* 446–452.

Steers, M. L. N., Wickham, R. E., & Acitelli, L. K. (2014). Seeing everyone else's highlight reels: How Facebook usage is linked to depressive symptoms. *Journal of Social and Clinical Psychology, 33*(8), 701–731.

Tandoc, E. C., Ferrucci, P., & Duffy, M. (2015). Facebook use, envy, and depression among college students: Is facebooking depressing? *Computers in Human Behavior, 43,* 139–146.

Thakkar, R. R., Garrison, M. M., & Christakis, D. A. (2006). A systematic review for the effects of television viewing by infants and preschoolers. *Pediatrics, 118*(5), 2025–2031.

Thornton, B., Faires, A., Robbins, M., & Rollins, E. (2014). The mere presence of a cell phone may be distracting. *Social Psychology, 45*(6), 479–488.

Tromholt, M. (2016). The Facebook experiment: Quitting Facebook leads to higher levels of well-being. *Cyberpsychology, Behavior, and Social Networking, 19*(11), 661–666.

Turel, O., He, Q., Xue, G., Xiao, L., & Bechara, A. (2014). Examination of neural systems sub-serving Facebook "addiction". *Psychological Reports, 115*(3), 675–695.

Vingerhoets, A. J. J. M., Croon, M., Jeninga, A. J., & Menges, L. J. (1990). Personality and health habits. *Psychology and Health, 4*(4), 333–342.

Ward, A. F., Duke, K., Gneezy, A., & Bos, M. W. (2017). Brain drain: The mere presence of one's own smartphone reduces available cognitive capacity. *Journal of the Association for Consumer Research, 2*(2), 140–154.

Woollett, K., & Maguire, E. A. (2011). Acquiring "the Knowledge" of London's layout drives structural brain changes. *Current Biology, 21*(24), 2109–2114.

Young, K. S. (1996). Psychology of computer use: XL. Addictive use of the internet: A case that breaks the stereotype. *Psychological Reports, 79*(3), 899–902.

Zimmerman, F. J., Christakis, D. A., & Meltzoff, A. N. (2007). Associations between media viewing and language development in children under age 2 years. *The Journal of Pediatrics, 151*(4), 364–368.